Die Seele kennt den Weg

AF723564

Heike Engel/Sophia

Die Seele kennt den Weg

ch.falk-verlag

Originalausgabe
© ch. falk verlag 2020

Umschlaggestaltung:
Dirk Grässle
Satz und Druck:
Stückle Druck & Verlag, Ettenheim

Printed in Germany
ISBN 978-3-89568-309-1

Inhalt

Ich bin das Licht in Dir,
und erst mein Erscheinen
bringt das Leben in Deinen Körper.

Mit jedem Einatmen begrüßt Du mich
und mit jedem Ausatmen trägst Du meine Essenz in
Deine Welt.

Heute hältst Du dieses Buch in Deiner Hand,
weil Du mich nicht siehst, nicht hörst und mir selten
folgst.

Ich ströme Dir entgegen
und strahle Dich an.
Freude schwingt in Dir!

Die Freude auf unsere Begegnung,
nun endlich – nach so langer Zeit!

Ich habe immer an ein Wiedersehen geglaubt,
und jetzt bist Du hier und suchst mich,
und ich freue mich!

Schau her, hier bin ich!

Deine Seele

Vorwort von Heike Engel

Ich arbeite nun seit mehreren Jahren mit der Kraft, die sich Sophia nennt. Sophia ist nicht nur die Energie der Urmutter, sondern sie ist eine Ebene, die wir auch in uns selber finden. Diese Ebene in uns gibt uns Kraft, Mut und Klarheit und begleitet uns auf all unseren Wegen. Sie hilft uns zu verstehen, oder besser außerhalb unserer üblichen Sinne wahrzunehmen, was in uns und auch um uns herum geschieht. Sie kann der Anker in unserem Alltag sein und das Bindeglied sowohl in die Materie als auch in die feinstofflichen Ebenen.

Sophia ist eine Heilerin und für mich ist sie die Heilerin, die vorausgeht und andere Heiler und Heilerinnen anführt und anleitet, damit wir alle wieder bei uns selbst ankommen können und nicht mehr von uns selbst abgeschnitten sind.

Wann immer ich Kontakt zu Sophia aufnehme, zeigt sie sich in der Gestalt einer Frau mit wallendem Haar und langen, leuchtenden Gewändern. Für mich ist sie ein Engel, auf den ich immer zählen kann. Sie hält jedem Gegenwind stand und ihre Erscheinung weckt das Gefühl von Geschützt-, Getragen- und Behütetsein.

Wie eine große Mutter umsorgt sie uns und versorgt uns in unserem Leben mit all dem, was wir brauchen, um all unsere Potenziale und Aufgaben zu erfüllen.

Uns zu heilen und zu versorgen, ist ihr eine Herzensaufgabe und ihre Bestimmung. Sie lässt uns verstehen und erkennen, was in Wahrheit geschieht. In all ihren Botschaften und Büchern erinnert sie uns daran, dass es „nur“ unsere Bereitschaft und unsere Bitte braucht, damit sie in unseren Leben wirken kann. Das klingt leicht, doch in unserer Realität ist das genau der Knackpunkt.

Was auch immer wir uns wünschen oder herbeisehnen, es geht in der Heilarbeit mit Sophia immer darum, all unsere Wunschkraft innerlich zurückzunehmen, damit sich wirklich das einstellen kann und wir mit dem versorgt werden können, was für uns vorgesehen ist, oder besser, wie es unserem Sein entspricht.

Oft streben wir nach etwas, was uns nicht die erwünschte Erfüllung bringen würde. Und gerade dann, wenn wir einen Mangel fühlen oder uns etwas wünschen, halten wir uns unbewusst in der Schwingung auf, in der wir nicht loslassen und uns nicht zurücknehmen.

Gerade das innere Zurücknehmen, das uns allen soviel Erleichterung bringen würde, fällt uns so schwer, da wir von Kindheit an lernen, Kontrolle zu üben, uns machtlos zu verhalten und vor allen Dingen zu zweifeln. Wir zweifeln an uns und unserer Wahrnehmung und erhalten wenig Zuspruch, wenn es darum geht, die eigene innere Stimme zu hören oder der lichtvollen Führung durch die Engel und unsere geistigen Helfer zu folgen. Uns wird meistens doch ein anderes Modell vorgelebt, in dem wir von unserer Wahrnehmung getrennt werden und lernen, dem zu folgen, was in unserer Gesellschaft vorgegeben wird.

Doch wer Sophia in ihren bisherigen Büchern und Botschaften kennengelernt hat, der weiß, dass wir nicht mehr so weitermachen können wie bisher. Wir können auch niemanden einfach mitnehmen auf dem Weg der heilvollen Entwicklung. Es braucht klare Entscheidungen von uns selbst, und wenn ich eines von Sophia gelernt habe, dann ist es die Gewissheit, dass wir all das, was wir für unser Leben brauchen, auch in uns tragen. Es geht oft einfach nur darum, den Kontakt zu all unseren Fähigkeiten und Anlagen in uns aufzunehmen. Heute, hier in diesem Buch geht es ganz konkret darum, den Kontakt wieder aufzunehmen zu der Energie, die uns ausmacht, zu der Schwingung, die wir sind: unserer Seele !

Unsere Seele ist nicht spektakulär, aber großartig und ihre Existenz ist unumstritten.

Die Seele ist das, was uns ausmacht. Sie leitet uns jenseits unseres Verstandes, damit wir das erleben, erfahren und auch heilen, was für uns wichtig ist. Die Seele wird oft missverstanden, da wir einfach kein Schulfach „Seelenkommunikation“ haben. Ich bin überzeugt davon, dass die Welt ein besserer oder heilerer Ort wäre, wenn alle Menschen in Kontakt und Einklang mit ihrer Seele wären.

Jede Seele hat einen Plan, den sie sich mitbringt in die Welt, denn das, was im Leben geschieht, ist ähnlich wie das Durchlaufen einer Schule. Einer Schule ohne Zeugnisse und ohne Bewertung und vor allen Dingen ohne Erklärungen. Denn die Seele erfährt, erlebt und entfaltet, aber sie versorgt nicht den Verstand oder die Verletzungsebene mit Erklärungen. Die Erklärungen liefern wir Menschen uns selbst immer dann, wenn wir glauben, verstanden zu haben, worum es gerade im Leben ging. Doch das, worauf wir uns im Leben wirklich verlassen können, ist das, dass die wahre Heilung, die wahre Entfaltung und auch die wahre Lehre außerhalb unserer Wahrnehmung geschieht, und das ist auch gut so. Wenn wir etwas verstehen, verändern wir bereits die Energie und die Essenz dessen, was uns begegnet.

Doch derzeit sind wir noch an einer Stelle unserer Entwicklung. Oft wünschen wir eine Änderung aus einem Schmerz oder einem Mangelgefühl heraus und verlieren uns selbst auf unserem Weg. Zu viele Gedanken und zu viele Bewertungen und Verurteilungen beschäftigen uns, und halten uns dadurch meist fest, an dem, wovon wir uns lösen möchten. Wir bewegen uns meistens einfach nur in der Dualität. Fühlen wir einen Schmerz, wünschen wir die Heilung. Fühlen wir einen Mangel, wünschen wir die Fülle. Doch das, was einen Mangel oder einen Schmerz in unserem Leben hervorgerufen hat, wird oft nicht ergründet und behoben, sodass es oft nur zu einer Verschiebung der Beschwerden oder des Mangels kommt.

Oft ist es einfach so, dass die Gründe oder Ursachen für Beschwerden oder Mangelgefühle noch in einem Trauma eingebunden sind. Unzählige Traumen und Schockzustände hat Sophia bereits in, durch und mit uns geheilt und es zeigen sich immer wieder neue Heilebenen, eine nach der anderen und manchmal auch viele zugleich. Wie Heilung geschieht, entzieht sich unserer Kenntnis, doch wir haben alles, was wir brauchen, um unseren Weg der Heilung gehen zu können. Wir müssen uns nur immer wieder daran erinnern, dass es „nur“ unsere Bereitschaft und unseren Wunsch braucht, und damit gehen wir bereits den heilbringenden eigenen Entwicklungsweg.

Sophia sagt mir immer wieder, dass wir alles in uns tragen, was wir für unser Leben, unsere Heilung und Entfaltung brauchen, und dass es an der Zeit ist, uns zurückzulehnen und darauf zu vertrauen. Wir brauchen nicht von einem zum anderen zu hetzen, uns auf dem Wege zu zerstreuen oder gar verlieren. Anhalten, hinsetzen, bei uns selber ankommen und bleiben, das sind gerade die Schulfächer des Lebens, die auf dem Stundenplan stehen.

Aufhören zu suchen, holt uns aus der Sucht. Wenn wir auf der Suche sind, dann ist es so, als würden wir einen „Kick" nach dem anderen suchen und die Erfüllung und die Schönheit eines jeden Momentes im Leben durch das Suchen verpassen.

Wir gehen keinen Weg der Heilung alleine. Keine Heilung geschieht nur für uns selbst, sondern jede Heilung ist ein Schritt für alle Wesen. Und wir brauchen die Heilung, um wieder ganz und heil zu werden, um uns selbst wahrzunehmen.

Unsere Seele kennt den Weg! Doch haben wir leider kein Schulfach „Verbinde Dich mit Deiner Seele", und dabei ist es doch für unser Leben existentiell, dem Ruf der Seele zu folgen und uns nicht ständig von unserem Weg ablenken zu lassen.

Es wäre so schön, wenn wir Menschen öfter zu uns sagen würden: „Bleib mal hier, setze dich hin und tue nichts!" Aber oft hören wir: „Mach doch mal dies und jenes."

Wenn wir bei uns bleiben und uns selber Momente der Ruhe schenken, kann der Verstand still werden und wir können das Licht in unserer Mitte wahrnehmen. Unsere Seele ist in ständiger Verbindung mit unserer ursprünglichen Essenz, und weil der Verstand doch so gerne begreifen und verstehen möchte, haben wir dieses Buch erhalten.

In meiner täglichen Praxis höre ich oft von Klienten: „Jetzt habe ich schon soviel in mir gelöst, geheilt und für mich geklärt, aber da stehe ich nun und finde nicht den Zugang zu mir selbst und kann meine Seele nicht wahrnehmen.

Wie bekomme ich Kontakt zu meiner Seele?“

Diese Frage habe ich Sophia gestellt, denn Sophia ist die Kraft, die Schatten, Verstrickungen und Überzeugungen auflösen und heilen möchte, damit die Seele frei wird, leuchten kann und uns im Leben dahin führen kann, wo unsere wahre Bestimmung ist.

Sophias Antwort ist dieses Buch, denn mit diesem Buch haben wir ein weiteres Werkzeug erhalten, mit dem wir arbeiten können.

Ich bin sehr dankbar für dieses neue Werkzeug, das Sophia uns zur Verfügung stellt, und ich wünsche allen Lesern eine tiefgreifende Heilung und Erlösung und wundervolle, berührende Seelenkontakte.

Es wird Zeit für ein Wiedersehen mit der Seele!

Mit einem Gruß von Herz zu Herz,

Heike Engel

Sophias Vorwort

Wenn die Stimmen eures Verstandes still werden und ihr euch auf das Licht in euch ausrichtet, dann ist das die Umgebung, das Umfeld oder die Ebene, die es ermöglicht, in Kontakt mit eurer Seele zu treten. Eure Seele ist kein abgetrennter Teil in euch, sondern die Seele ist die Energie, die euch ins Leben bringt. Ihr wisst, dass die Seele vor ihrer Inkarnation ihre Familie, ihre Aufgaben und ihre Umgebung auswählt.

Doch bitte stellt es euch nicht so vor, dass die Seele sich einfach aussucht, was ihr in den Sinn kommen würde, sondern die Aufgaben, die Familien und all die Seelenaspekte unterliegen dem Gesetz der Resonanz. So wie eine Seele schwingt, zieht sie die Aufgaben und auch die Familie an, um an ihnen zu wachsen und sich zu entwickeln.

Die Seele ist euer Navigator durchs Leben und führt euch an die Orte und in die Situationen, wie es dem Seelenplan entspricht. Wie ein Magnet übernimmt also die Seele die Führung, und der Seelenführung könnt ihr Menschen euch nicht entziehen. Das ist das, was ihr Menschen Schicksal nennt und dem ihr euch ausgeliefert fühlt und dadurch den Seelenweg als beschwerlich empfindet.

Dabei ist der Weg der Seele nicht beschwerlich, sondern das, woran ihr festhaltet, ist das, was sich manchmal für euch schwer anfühlt. Ihr habt nicht gelernt, euch eurer

Seelenführung zu überlassen, sondern kämpft oft dagegen an, wo eure Seele euch hinführen möchte.

Dieses Festhalten von euch muss euch nicht bewusst sein. Es ist vielmehr so, dass etwas in euch, eine Ebene, ein Schmerz oder eine Erfahrung, noch in euch schwingt. Alles ist Schwingung und das ist gut so, denn Schwingung bedeutet Bewegung und ermöglicht Heilung. Heilung auf ganz einfache Art.

In früheren Zeiten und bei manchen Naturvölkern ist es auch heute noch so, dass es sogenannte „Seher" oder „Wissende" gibt, die anderen Menschen über ihre Begrenzungen hinweg auf den Seelenweg helfen. Diese Menschen leiten andere Menschen an, sich den Begrenzungen und Ängsten und Zweifeln zu stellen, ihnen ins Auge zu schauen und ihnen dann die Kraft und Aufmerksamkeit zu entziehen, damit das überwunden werden kann, was der Seele im Wege steht.

Doch diese Kultur pflegt ihr nicht mehr. Es gibt diese Menschen noch in eurer Welt, doch zum einen lasst ihr in ihnen nicht mehr die Weisheit entstehen, und zum anderen hört ihr ihnen nicht zu. Früher waren es die Familienältesten, die ab einem bestimmten Alter einen intensiven Zugang zu ihrer Führung erhalten haben und die Weisheiten innerhalb der Familie weitergeben konnten. Doch irgendwann fingt ihr Menschen an, alles zu industrialisieren. Alle Familienmitglieder mussten funktionieren, alles muss wirtschaftlich, begreifbar und erklärbar sein. Dadurch habt ihr euch selbst Begrenzungen auferlegt und bewegt euch seitdem innerhalb eng gesteckter geistiger Grenzen.

Viele alte Menschen werden angepasst oder passen sich an. Sie leben in Begrenzungen und verlieren den Zugang zu ihrer Weisheit. Doch haben sie alle soviel Weisheit und Wissen an die Familie abzugeben.

Jede Seele hat ihren Ursprung in der Seelenebene, und jede Seele ist verbunden in diese Ebene, und alles, was die Seele aus dieser Ebene erhält, ist wichtig für euch Menschen.

Auch während des irdischen Lebens bleibt die Seele mit ihrer Ursprungsebene verbunden und diese Verbindung kann nicht abreißen, auch wenn sie von euch Menschen manchmal nicht wahrgenommen wird. Es kann Situationen geben, in denen ein Mensch aus einer anderen Ebene als der Seelenebene heraus handelt. Es kann sein, dass vielleicht einfach auf eine Situation reagiert wird, oder aus der Verletzungsebene gehandelt wird, doch die Seelenverbindung zur ursprünglichen Seelenessenz ist trotz allem vorhanden.

Gerade innerhalb einer Familie wird viel bewertet und verurteilt. Ihr begrenzt euch gegenseitig durch Bewertungen und Beurteilungen. Jede Seele geht ihren eigenen Weg und der ist ganz individuell und es steht keinem Menschen zu, über einen anderen Weg zu urteilen oder ihm die Verbundenheit zur Seelenessenz und zur inneren Weisheit abzusprechen. Was auch im Leben geschieht, jeder Mensch bleibt in seiner ursprünglichen Verbindung und dabei ist es ganz gleich, ob diese Verbindung jedem Menschen in jedem Moment bewusst ist oder nicht.

Begrenzungen können über Inkarnationen hinweg wirken. Daher ist es so wichtig, dass ihr eure Bewertungen zurücknehmt.

Es ist nicht schlimm, den Kontakt zur Seele zur verlieren, denn ihr könnt ihn jederzeit wieder aufnehmen. In jedem

Moment eures Lebens habt ihr die Möglichkeit, eure Ausrichtung zu ändern und euch mit eurer Seele zu verbinden.

Wann immer ihr den Eindruck habt, ihr selbst oder ein anderer Mensch ist gerade nicht in seiner Klarheit, seid für einander da. Helft euch gegenseitig, den Irrweg aus den vielen Gefühlen und Befindlichkeiten zu verlassen und wieder zurück in die innere Ruhe, Frieden und Klarheit zu finden.

Vergebt euch selbst und allen Beteiligten. Lasst die Situationen los und befreit dadurch euch selbst und alle anderen auch.

Unterstützt euch gegenseitig und seid wieder Teil eines großen Ganzen. Verbindet euch gemeinschaftlich und ganz bewusst in die Seelenebene. Fühlt die lichtvollen Kanäle, die ihr aufbauen könnt, und erhaltet das Wissen und die Führung der Seelenfamilie. Das bringt Heilung und Licht für euch selbst und für alle Menschen, die euch umgeben. Eure Familien brauchen euch, die ihr auf diesem Weg vorausgeht und auch denjenigen folgt, dic diesen Weg bereits gehen.

Die Seele kennt den Weg, und jede Seele folgt dem Licht und bringt das Licht.

Ohne den Kontakt zur Seele irrt ihr durchs Leben, verliert eure Kraft und eure Ausstrahlung, und die meisten Menschen werden sogar krank. Es sind stürmische Zeiten auf der Erde und viele unguten Strukturen brechen auf und die Seele von Mutter Erde macht auf sich aufmerksam und will allen Seelen der Erde den Weg weisen. Ihr braucht einen guten Stand, verbindet euch mit der Seelenenergie von Mutter Erde und nutzt dadurch ihre Unterstützung, euch wieder mit eurer Seele zu verbinden.

Dieser Weg wird nicht im Außen gegangen, sondern es ist ein innerlicher Weg, ein Weg des Bewusstwerdens. Ein Weg oder eine Öffnung zu der Bereitschaft, das wahrzunehmen, was ihr ahnt und nicht selten nicht wahrhaben und dem somit auch nicht folgen wollt oder könnt. Der Weg zum Seelenkontakt ist Bewusstseinsarbeit, denn auch wenn ihr euch oft von eurer Seelenkraft wie abgeschnitten fühlt, so ist sie doch da und ruft nach eurer Wahrnehmung.

Eure Seele schwingt in euch unentwegt. Unermüdlich macht sie auf sich aufmerksam und lässt nicht locker, wenn es um große Entscheidungen in eurem Leben geht. Manchmal gibt sie keine Ruhe, lässt euch nachts nicht schlafen. Sie sendet Impulse und führt euch immer wieder in Situationen oder auch an Orte, die wichtig sind für euch! Lernt, die Impulse eurer Seele zu deuten, und erfahrt mehr über euch selbst.

Viele von euch erkennen ihre Seelenenergie nicht und halten oft ihren Verstand oder auch ihre Verletzungen für die Impulse der Seele. Dabei ist es der Verstand, der mit eurer Verletzungsebene kommuniziert, Kränkungen verstehen lässt, Verurteilungen und Beurteilungen vornimmt und euch Erklärungen liefern möchte für etwas, das nicht mit Worten zu erklären und auch nicht mit dem Verstand zu begreifen ist. Der Verstand hat andere Aufgaben. Ihr könnt mit dem Verstand Informationen in euch abspeichern oder auch abrufen. Der Verstand kann rechnen, kalkulieren und sich Regeln merken, doch ist der Verstand nur ein Werkzeug für die rationale Ebene und hat nichts mit der energetischen Heilung von Themen und Situationen zu tun. Wenn der Verstand in euch am richtigen Platz ist und seiner wahren Aufgabe nachgehen kann, dann wird er auch beim Lesen dieses Buches die Informationen abspeichern, sodass ihr sie zu einem anderen Zeitpunkt abrufen könnt. Doch er wird still sein und ruhen, während die Energien wirken, die durch dieses Buch zu euch strömen, denn alles, was euch durch dieses Buch begegnen wird, will heil und ganz werden.

Nur wenige Menschen sind in wirklichem Kontakt mit der eigenen Seele. Die Zeiten sind stürmisch auf der Erde und viel Althergebrachtes bricht auf, da es sich in den neuen Energien nicht länger halten kann. Daher ist es gerade jetzt so wichtig, dass ihr euch neu ausrichtet und eurer Seelenschwingung immer näherkommt. Deshalb gebe ich euch jetzt dieses Buch als Werkzeug an die Hand.

Ich kann euch nicht versprechen, dass ihr nach dem Lesen dieses Buches die Impulse eurer Seele immer wahrnehmen könnt. Doch ich verspreche euch, dass dieses Buch ein Werkzeug ist, mit dem ihr selbst arbeiten könnt, damit ihr eure Seele erkennen, befreien und in Abstimmung mit ihr leben könnt.

Wenn ihr eure Herzen öffnet und eure Angst vor Enttäuschungen oder Verletzungen überwindet, dann schwingt ihr in Einheit mit eurer Seele, und wenn ihr diesen Zustand erreicht habt, dann werdet ihr euch selbst nicht mehr blockieren und allem und jedem mit Vergebung und auch mit Liebe begegnen. So übergebt ihr euch dem Fluss des Lebens und eure Seele ist der Steuermann und kennt den Weg.

Ich – Sophia - freue mich unendlich darüber, dass ihr dieses Buch in den Händen haltet, denn das ist der erste Schritt, dass ihr euch angesprochen fühlt und somit dem Ruf eurer Seele folgt. Eure Seele kennt den Weg, und mit diesem Buch erhaltet ihr einen Wegweiser, dem ihr Schritt für Schritt folgen und euch an die Kraft eurer Seele und – wenn es für euren Weg wichtig ist - ihre Aufgaben und ihre Bestimmung erinnern könnt. Eure Seele ist weitaus mehr als das, was euch gelehrt wurde. Eure Seele ist eure ganz persönliche Uressenz, aus der ihr jeden Tag aufs Neue schöpfen könnt.

Es ist an der Zeit, den Seelenweg wieder aufzunehmen!

In unendlicher Freude und Liebe begleite ich euch auch auf diesem Weg,

Sophia

Was ist die Seele?

Um diese Frage zu beantworten, nehme ich euch mit in euren energetischen Ursprung.

Zurück in eine Dimension, in der jedes Leben einfach IST. Ihr könnt euch das vorstellen wie ein niemals erlöschendes und alles erfüllendes Licht. Das ist die Seelenenergie, in der ihr alle miteinander verbunden seid. Im Ursprung entstammt ihr alle diesem Licht. Dieses Licht, diese Energie schwebt, strömt, fließt und erfüllt einen endlosen Raum, und aus diesem Licht heraus formen sich immer wieder neue Lichttropfen und bilden neue Lichtformen.

Sie vergrößern sich, strahlen, leuchten und auch aus ihnen formen sich neue Tropfen und auch Formen. Hier in diesem unendlichen Raum gibt es keine Dualität, kein Gut und Böse, keinen Neid und keine Schmerzen und auch keine Schatten. Hier in diesem Raum gibt es nur eine Schwingung, und das ist Licht und Liebe. Hier pulsiert der Ursprung jeden Lebens.

Eure Seele ist noch heute mit ihrer Ursprungsenergie verbunden und wird immer wieder mit der Kraft der Liebe, des Lichts und des Lebens genährt.

Es ist schwer, den Seelenursprung in Worte zu fassen, denn Worte verändern die Energie des Ursprungs. Worte begrenzen die unendliche, lichtvolle Schwingung, die eure Seele in sich trägt.

Die neuen Lichtformen sind Träger der Seelenenergie und von der Lichtebene in neue Ebenen gesandt. Eure Vorstellung, dass es Seelenfamilien gibt, in denen ihr verbunden seid, kommt der Wahrheit sehr nahe. In eurer Vorstellung hat eine Seelenfamilie Körper, dem ist nur so, weil ihr es euch vorstellt, damit ihr es auf der irdischen Ebene begreifen könnt. In Wahrheit und im Ursprung ist alles Energie und Energie ist fließend und hat keine Körper.

Doch da ihr versucht, mit eurem Verstand zu begreifen, was nicht zu begreifen ist, formt sich in euch die Vorstellung von körperlichen Lichtformen, und genaugenommen habt ihr durch genau diese Vorstellung die Körperlichkeit der Seelenfamilie erschaffen.

Ich werde in einem eigenen Kapitel auf die Seelenfamilie eingehen.

Wenn ihr glaubt, ein Mensch sei ein geistiges Wesen in einem Körper, dann ist das nur ein Teil der Wahrheit, denn das geistige Wesen hört nicht auf, wo eure Körper enden. Eure Schwingung, und ganz besonders eure Seelenenergie, ist nicht eingeschlossen in eure Körper und endet nicht an den körperlichen Grenzen, sondern erfüllt jeden Raum, auch die endlosen Räume. Die Seele endet nicht und eine Seele stirbt auch nicht, sondern sie verändert ihre Form und gibt sich in unterschiedliche Formen hinein.

Was also ist die Seele? Die Seele ist die göttliche, lichtvolle Energie der Liebe und des Lebens. Sie kann alle Formen annehmen und hat einen Auftrag: Licht und Liebe auszubreiten. In unzähligen Inkarnationen hat sich die Seele in die menschliche Form hinein verkörpert für genau diesen Auftrag: alles Leben mit Licht und Liebe zu erfüllen.

Dafür habt ihr die Schöpferkraft erhalten und auch die Gefühlsebene und für das Leben auf der Erde auch die Körperlichkeit.

Das menschliche Leben beginnt mit dem Übergang der Seele in den Körper. Die Seele – eure Ursprungsenergie – denkt nicht und fühlt auch nicht, sondern sie schwingt. Über die Schwingung könnt ihr Menschen wahrnehmen und erfahren. Die Seele gibt wenig Erklärungen für den Verstand. Denn für den Kontakt mit der Seele muss der Verstand ruhen. Für die Seele ist der Verstand ist wie eine Weiche, sobald er sich einschaltet.

In Wahrheit kann der Verstand die Seele natürlich nicht begrenzen oder blockieren, aber der Verstand versucht zu begreifen, was mit dem Verstand nicht zu begreifen ist, und dadurch steuert er eure Seele und blockiert eure Seelenenergie.

Seit euren frühen Inkarnationen auf der Erde hat die Seelenenergie, die keinen Schmerz und keine Begrenzung kennt, die Erfahrung gemacht, dass nach dem Übergang in den Körper nicht sie allein das herrschende Element im Menschen ist, sondern auch andere Ebenen, wie zum Beispiel die Gefühlsebene, die Schmerzebene, die Erfahrungsebene in einem Menschen wirken und ihn leiten.

Diese unterschiedlichen Ebenen in euch Menschen haben einen Weg zu finden, miteinander zu leben und das eigene Glück und die eigene Freude für den großen Auftrag des Verbreitens von Licht und Liebe einzusetzen. Wenn ihr es so nennen wollt, dann ist das gerade das Projekt, an dem ihr arbeitet und beteiligt seid. Ihr habt alle Ebenen in euch in Einklang zu bringen und der Seele ihre Führungsposition zurückzugeben, wenn sie die Führung zu übernehmen hat.

Die Seele ist nicht zuständig für mathematische Berechnungen und auch nicht für physikalische Gesetze. Die Seele ist zuständig für die Verbindung mit eurer Uressenz – dem unendlichen Licht. Und sie ist zuständig dafür, die Impulse und Führung aus dem Licht in euer Leben weiterzugeben, damit die Aufgaben und Entwicklungen der Seele, so wie es vor jeder Inkarnation in einem Seelenplan vereinbart wurde, erlebt und abgearbeitet werden können.

In vielen Inkarnationen habt ihr Menschen gelernt, eure Macht für eure eigenen Zwecke und nicht zum Wohl der Allgemeinheit einzusetzen. Ihr habt erfahren, was es heißt, verletzt zu werden und gelernt, dass auch ihr andere Menschen verletzen könnt. Doch vor allen Dingen habt ihr gelernt, auszublenden und über den Schmerz eines anderen hinwegzugehen. Ihr habt euch einen Weg erschaffen, auf dem ihr den Schmerz, die Unterdrückung und das Leid anderer Menschen und Lebensformen ausblenden könnt. Dadurch blendet ihr natürlich nicht nur den Schmerz der anderen Menschen, Tiere und Wesen aus, sondern trennt euch auch von eurem eigenen Schmerz und euren eigenen Erfahrungen.

Die Seele sammelt alle Erfahrungen, und die Erfahrungen, die nicht Licht und Liebe sind, möchte sie heilen. Sie möchte heilen für sich und für jede Seelenenergie, die ihr begegnet.

Die Seele möchte heilen von allem, was sie einengt, damit sie sich ihrer ureigenen Aufgabe widmen kann, dem einfachen Sein und Schwingen in Licht und Liebe.

Die Seele wohnt in euren Körpern und ist mit einer silbernen und manchmal auch goldenen Schnur, ähnlich wie eine Nabelschnur, mit dem Körper verbunden. Ihr wisst, dass die Seele manchmal nachts den Körper verlässt und in andere Ebenen oder Dimensionen reist und dort wirkt, lehrt oder lernt oder sich auch einfach nur auf ihrer Ursprungsebene erholt. Dann bleibt sie stets über diese Schnur energetisch mit dem Körper verbunden und wird den Weg immer wieder in den Körper hinein zurückfinden. Die Seele hat viele Aufträge in ihrem Seelenplan, die nicht nur auf die jetzige menschliche Inkarnation begrenzt sind. Eure Seele ist multidimensional und wirkt auf vielen Ebenen und Dimensionen gleichzeitig. Sie hat Aufgaben und Erfahrungen zu machen, die sich eurer Wahrnehmung und auch Vorstellung entziehen. Sie sind nicht mit eurem Verstand zu begreifen.

Wenn sie einmal euren Körper verlässt und die Silberschnur aus dem Körper gelöst wird, stellt der menschliche Körper seine Funktionen ein. Eine Seele kann sich nicht versehentlich aus einem Körper lösen und ihn endgültig verlassen. Erst wenn Seelenaufgaben erledigt sind oder in eine andere Dimension oder Inkarnation übergehen, kann sie das. Das ist im Übrigen bei Suizid der Fall. Wenn sich ein Mensch das Leben nimmt, dann bleiben die Aufgaben der Seele erhalten, die dann entweder in eine andere Inkarnation oder Dimension übertragen werden. Manchmal ist es auch so, dass Aufgaben durch eine Gruppendynamik gleichzeitig für viele Seelen gelöst werden. Was auch immer die Seele sich mitbringt, ihr dürft sicher sein, dass ihr keine Aufgabe verpassen könnt, denn wenn eine Aufgabe dran ist, dann ist sie dran und nichts kann eure Seelenenergie aufhalten, sich dieser Aufgabe zu widmen, ganz gleich, ob ihr die Aufgabe im Hier und Jetzt löst, oder ob die Aufgabe in andere Inkarnationen übertragen wird. Die Seele schwingt und resoniert in euch und wird das in euer Leben rufen, was sie braucht, um Heilung zu erfahren,

Heilung, die sie befreit, damit sie in ihrer wahren Aufgabe schwingt.

Das muss jedoch nicht immer das sein, was ihr euch für euch selber wünscht. Diese Aussage anzunehmen, ist für euch eine große Aufgabe. Denn viele Wünsche, die ihr als Wünsche der Seele deutet, entstammen der Verletzungsebene in euch, denn seit der frühesten Kindheit sammelt ihr Menschen Verletzungen, Übergriffe und Glaubenssätze, von denen ihr euch später zu befreien habt. Vieles von dem, was euch als erstrebenswert in eurer Gesellschaft vorgegeben wird und das ihr anstrebt, ist jedoch nicht das, was die Seele erfüllt, entwickelt oder heilt. Geld oder materielle Güter zum Beispiel heilen oder befreien die Seele nicht. Jedoch sind die Wünsche nach Sicherheit und Unterstützung auch Wünsche der Seele und daher führt euch die Seele in die Situationen, die geheilt werden können, um Schritt für Schritt der wahren Bestimmung der Seele immer näher zu kommen.

Natürlich ist die Heilung der Themen aus diesem Leben auch ein Wunsch eurer Seele, der aus dem aktuellen Leben stammt. Es gibt jedoch auch die Wünsche und Aufgaben der Seele, die sich die Seele mitgebracht hat, und um an diese Aufgaben und Wünsche heranzukommen, löst und heilt ihr nach und nach die Verletzungen eures Lebens, was natürlich auch Heilung für die Seele ist.

Eure Seele steht ständig in Verbindung mit ihrer lichtvollen Herkunft und erhält immer wieder Aktualisierungen und Anpassungen aus der Ursprungsebene, damit sie für all ihre Aufgaben ausgerüstet ist. Was immer die Seele braucht, sie erhält es aus ihrer Herkunftsebene. Die Herkunftsebene versorgt die Seele energetisch mit allem, was die Seele braucht. Die Seele braucht die irdischen

Erfahrungen, um sich zu entwickeln und von allem zu befreien, was sie in anderen Inkarnationen erfahren hat, was sie begrenzt oder einschränkt und nicht Licht und Liebe ist. Die Seele hat frühere Erfahrungen und Prägungen gesammelt, und sobald sie befreit ist, geht es im Leben auf der Erde darum, das Licht zu verbreiten und selbst im dunkelsten Schatten das Licht zu entdecken und sich bei allem, was ihr begegnet, mit dem Licht zu verbinden.

Viele Themen, die einem Menschen im Leben begegnen, zieht die Seele an, da sie ihr in irgendeiner Form bereits begegnet sind und die Seele sich aussöhnen möchte.

Die Erde ist bekanntlich ein Lernplanet für die Seele, und daher gibt es Erfahrungen, die die Seele zu machen hat (Eigentlich ist es nicht die Seele, sondern der Teil des Menschen, der sich über die Leben hinweg entwickelt.) um zu erleben, wie sich zum Beispiel eine Ablehnung oder eine Vernachlässigung anfühlen, damit sie sich mit all ihrer Kraft und Essenz dagegen entscheiden kann und nicht – wie viele Menschen glauben – damit sie sich für etwas rächen oder bestrafen kann. Rache, Strafe und schmerzliche Gefühle gibt es in der feinstofflichen Ebene nicht, das sind menschliche Erscheinungen oder Empfindungen, und da die Seele auch im Körper feinstofflich ist und nicht mit irgendeinem technischen Gerät gemessen oder geprüft werden kann, sind die seelischen Schmerzen nur bildlich und im übertragenen Sinne zu verstehen.

Wer hat eine Seele?

Um es vorwegzunehmen: Alles hat eine Seele. Jedes Wesen, jeder Baum, jede Blume, jedes Tier und auch jeder Mensch hat eine Seele und ist beseelt.

Die Seele ist die Lebenskraft in euren Körpern. Erst mit dem Eintritt der Seele in eure Körper erwacht ihr zum irdischen Leben. Eure Körper nehmen erst dann dauerhaft ihre Funktionen auf, wenn sich die Seele in den Körper hinein verbunden hat. Das geschieht in der Schwangerschaft. Die Seele tritt mit der Befruchtung in einen Körper ein, nachdem sich die Seele zuvor ihre Familie je nach Aufgaben, Erfahrungen und Entwicklungen ausgewählt hat. Die Seele weiß bereits vor der Geburt, worauf sie sich einlässt, wenn sie sich eine Familie auswählt. Diese Aussage richte ich an alle Menschen, die sich selbst mit Vorwürfen quälen, weil sie glauben, sie würden etwas falsch machen oder hätten einer Seele Schaden zugefügt. Die Seele hat sich für dieses Leben entschieden und ganz bewusst eine Familie, eine Region und einen Kulturkreis ausgewählt.

Die Seele inkarniert auch nicht nur für ihre eigenen Aufgaben. Von der Ebene, in der eine Seele verweilt, bevor sie auf die Welt kommt, hat sie einen Überblick und sie wählt sich nicht nur die Aufgaben für ihre eigene Entwicklung, sondern auch die Aufgaben und Situationen, in denen die Seele einer anderen Seele in der Familie eine Befreiung oder eine Auflösung und Heilungsmöglichkeit bietet. Auf der Seelenebene gibt es keine Verlierer und Gewinner und keine Dualität. Auf der Seelenebene geht es um Heilung und um das Kennenlernen und Beherrschen der Dualität, und dabei wird alles befreit, was dem Seelenlicht im Wege steht oder es bedeckt.

Am Anfang einer Schwangerschaft weht die Seele immer wieder sanft in den Körper der Mutter hinein. Sie ist noch nicht fest im Körper verbunden. Doch im Laufe der Schwangerschaft erhält die Seele ihren Platz im Bauchraum. Ganz zentral in der Körpermitte sitzt die Seele und breitet ihre Energie und Schwingung von dort im Körper aus. Die Seele pulsiert im Körper und die Lebensfunktionen des Körpers werden aufgenommen. Die Seele sendet Schwingungen in den Körper. Diese bewirken das Wachstum und beeinflussen die spätere Form des Körpers. Je nach Erfahrungen aus früheren Inkarnationen und auch je nach der Herkunft der Seelenfamilie und somit nach Ursprungsenergie erhält der Körper die Veranlagungen, aus denen er sich später formen kann. Aus Energie und Schwingung wird Materie und der Körper formt sich. Bereits zu diesem Zeitpunkt steht fest, ob ein Mensch groß oder klein, blonde, rote oder braune Haare hat.

Bereits zu diesem Zeitpunkt steht auch der Seelenplan. Es steht fest, welche Aufgaben die Seele hat, welchen Streit sie schlichten möchte und welche Last sie von den Eltern oder den Geschwistern auf sich nehmen wird. Es steht fest, ob die Seele sich in diesem Leben mit dem vollen Bewusstsein des Menschen vereinen und somit der Seelenkontakt in euch stattfinden wird. Es steht fest, in welcher Region ihr leben werdet und welche Fähigkeiten die Seele für ihre Aufgaben brauchen wird.

Manche Aufgaben übernimmt die Seele auch freiwillig aus dem Ahnenpool oder aus dem Kollektiv eurer Gesellschaft.

So sind es zum Beispiel viele Seelen, die derzeit noch am Kriegstrauma vergangener Zeiten arbeiten und mit offenem Herzen für die Menschen kämpfen, die aus Kriegsgebieten kommen.

Jeder Mensch hat eine Seele. Die Seele ist die Kraft, die einen Körper am Leben hält. Wenn sich eine Seele aus einem Körper löst, stellen sich auch die Körperfunktionen ein und der Körper stirbt. Wenn ihr einen Körper künstlich am Leben erhaltet, bleibt eine Seele an den Körper gebunden. Manchmal nimmt die Seele ihre Aktivitäten wieder auf, damit noch Aufgaben angegangen werden können, die eine Seele noch auf dem Seelenplan hat, oder die sich vielleicht ganz aktuell im Leben noch ergeben haben. Oft ist es jedoch auch so, dass die Seele ihre Aktion nicht wieder aufnehmen kann, da sie bereits in eine andere Ebene zu neuen Aufgaben gezogen wird und im Körper noch festhängt. Sie bleibt dann so lange an einen Körper gebunden, bis der Körper stirbt.

Wie ich bereits in anderen Büchern schon erwähnt habe, kann es sein, dass sich Seelenanteile abspalten. Das kann geschehen, wenn eine Seele zum Beispiel in anderen Inkarnationen die Erfahrung gemacht hat, für ihre Fähigkeiten bestraft worden zu sein, und der Mensch so lange gequält und gefoltert wurde, bis er gestorben ist und die Seele in diese schwere Kraft der Angst und des Schmerzes „eingewickelt“ wurde. Wenn dann die Seele in dem aktuellen Leben die Aufgabe hat, all ihre Fähigkeiten zu integrieren, zu aktivieren und anzuwenden, und sie wahrnimmt, dass sie kaum Unterstützung auf diesem Weg haben wird, kann die schwere Energie der Angst so stark gegen die Seelenkraft wirken, dass sie blockiert wird. Auch wenn dies oft der Grund ist, dass eine Seele Anteile oder Aufgaben abspaltet, ist dies nur ein Beispiel, und alle Aufgaben und Anteile können zu einem späteren Zeitpunkt wieder in das Leben zurückgerufen werden.

Auch wenn eine Seele im Mutterleib eine Ablehnung von der Mutter selbst oder auch von anderen Menschen spürt, kann es sein, dass die Seele an eine schwere Kraft erinnert wird, die noch um sie lagert und etwas abspaltet oder Anteile wie deaktiviert werden und diese im Laufe des Lebens erst wieder integriert werden müssen, um auf das volle Seelenpotenzial zugreifen zu können. Es gibt viele Konstellationen, Traumen und Erfahrungen, die dazu führen, dass sich Anteile abspalten. Es ist ganz gleich, was einer Abspaltung oder Deaktivierung zugrunde liegt. Wichtig ist, dass ihr die Macht und die Kraft habt, eure Anteile zurückzurufen und ihnen ihre Aufgabe und ihren Platz anzubieten. Und wenn ihr sie einmal zurückruft und ihnen ihre Aufgabe wiedergebt, dann macht euch bereit dafür, dass die Seele und die wieder integrierten Anteile die treibende Kraft in eurem Leben sind und vielleicht das ein oder andere nachzuholen haben, was die Seele noch auf dem Plan hat.

Es kann auch vorkommen, dass die Seele eine Aufgabe auf dem Plan hatte, die sich dann im Laufe des Lebens, zum Beispiel durch kleine Entscheidungen, erledigt hat und somit als große Seelenaufgabe abgearbeitet ist.

Ihr Menschen seid keineswegs euren Seelenaufgaben ausgeliefert und müsst eure Schicksale ertragen. Oft ist es genau die Aufgabe, in euren sogenannten Schicksalsschlägen, bei euch zu bleiben, das Herz offen zu halten, euch zuzutrauen und euch auch darauf zu freuen, dass ihr in jedem Moment selbst die Kraft und die Macht habt, euer Leben in etwas Gutes und Leuchtendes zu wenden. Ihr

Menschen selbst entscheidet, in welcher Energie ihr durchs Leben geht und es ist sehr weise und erfüllend, in der Energie der Seele zu gehen.

Die Seele strebt nach Heilung und jeder Mensch ist ein Heiler und ihr alle kennt die Erleichterung, die ihr spürt, wenn eine Situation geheilt ist, und in diesem Punkt seid ihr Menschen alle gleich. Wenn es um wahre Heilung geht, dann schwingt ihr Menschen alle in der Kraft eurer Seele und folgt ihr, was euch anfangs nur gelingt, wenn ihr euren Verstand ausschaltet. Ihr seid durch eure Seele verbunden mit den Heilenergien und Heilströmen aus eurer Ursprungsebene.

Wenn ein Mensch geboren wird, ist der energetische Sitz der Seele im Bauchraum. Hierhin kann sich die Seele zurückziehen und von hier aus kann sie sich auch ausbreiten. Die Seele vermag sich weit über eure physischen Grenzen auszubreiten, je nach Entwicklung der Seele und des Bewusstseins des Menschen, also je nach der Bereitschaft des Menschen, sich gegen schmerzliche Erinnerung zu entscheiden und mit geöffnetem Herzen durchs Leben zu gehen.

Wenn euch Menschen das gelingt, dann werdet ihr die Seele in eurem Herzen finden, und sobald die Seele in eurem Herzen ist, entfaltet sie ihre Heilkraft.

Die Seele ist jedoch in jedem Körperteil zu finden, denn die Seele schwingt überall in eurem Körper und ist in jedem Moment kontaktbereit.

Auch Tiere haben eine Seele. Die Seelen von Tieren, die ihr Menschen zu Haustieren macht, tritt in Verbindung mit der Seele von den Menschen, bei denen sie leben. Haustiere übernehmen sehr oft Heilungsthemen von den

Menschen, wenn sie die Menschen selbst nicht bewältigen können. Tiere spiegeln auch oft die Themen, die die Menschen beschäftigen.

Auch die Tierseele ist mit ihrer Herkunftsebene über die Silberschnur verbunden. Was Tiere von Menschen unterscheidet, ist, dass Tiere nicht selbst erschaffen können und die Verstandesebene nicht haben. Jedoch leben Tiere etwas, was die Menschen sich zu leben wünschen, denn Tiere nehmen mit all ihren Sinnen wahr. Tiere sehen eure wahre Größe, die Aura und auch die Schwingung, in der ihr euch befindet. Wenn ihr traurig seid, kann euer Haustier das sehen, und angetrieben von der Seele des Tieres und ihrer Herkunft will das Tier, dass alles gut ist und hell schwingt. Tiere streben nicht nach Macht. Sie wollen versorgt sein und das Licht verbreiten. Auch Tiere tragen Heilenergie, allein ihre Präsenz verändert die Schwingung in einem Raum.

Je nach dem individuellen Entwicklungsstand des Tieres haben manche Tiere eigene ganz individuelle Seelen und auch einen Seelenplan.

Es gibt jedoch auch Tiere oder auch Pflanzen, die haben keinen eigenen Seelenentwicklungsplan, sondern sind an die Erfüllung einer Aufgabe oder Heilung und Auflösung eines Themas gebunden.

Sie bearbeiten energetisch die Themen, die im Kollektiv der Menschheit und der Natur und Umwelt liegen.

Auch Tierseelen werden wiedergeboren und entwickeln sich weiter. Es gibt viel über die Tierseelen zu erfahren, jedoch kann ich das Thema in diesem Buch nicht allumfassend durchgeben.

Es gibt noch einen wichtigen Aspekt, den ich zu den Tierseelen erklären möchte, denn Tierseelen haben eine Art übergeordnete Gruppenseele, die die Heilthemen aller Tiere in sich trägt. Mit dieser Gruppenseele stehen Tierseelen ständig im Austausch. Es gibt Themen oder Aufgaben, die tragen alle Tiergruppen gemeinsam:

Alle Vögel sind in ihrer Seelenenergie Überbringer und Vermittler zwischen den Ebenen. Vögel haben eigene Seelen, die nicht immer im Körper sind.

Wann immer Vögel von sich aus zu euch kommen, empfehle ich euch, kurz innezuhalten und hinein zu spüren, oder zu erfragen, welche Botschaft oder Hinweise sie aus welcher Ebene überbringen. Auch könnt ihr sie bitten, Botschaften von euch in andere Ebenen zu übermitteln, doch bevor ihr das tut, bittet sie erst um ihre Erlaubnis. Erst wenn sie einverstanden sind und es sich für euch leicht und nicht übergriffig anfühlt, sind sie geschützt und werden nicht die Energie eurer Worte übernehmen. Vögel können auch Wegweiser sein und Ebenen für euch öffnen, und zwar Ebenen, die in euch verschlossen sind, wie auch Dimensionsebenen, deren Zugang ihr verloren hattet. Alle diese Fähigkeiten sind in der übergeordneten Gruppenseele veranlagt.

Die Seelenenergie der Hunde bringt Vertrauen und auch sie sind Wegbegleiter, die die Herzensebene öffnen und Energien übertragen. Sie lieben uneingeschränkt und sind treue Wesen, die sich gerne zu den Menschen gesellen. Es gibt natürlich auch Hunde, die in den Themen der Menschen stecken und daher auch ausleben z. B. Aggressionen. Hunde sind Bewacher und sehr aufmerksam. Sie erkennen die Schattenseiten und können diese fernhalten. Sie sehen die Schatten gleichwohl wie das Licht. All diese Wahrnehmungen sind in der Seelenenergie aller Hunde angelegt. Hunde nehmen eure Aura und eure wahre Größe wahr. Wann immer ihr einem Hund begegnet, atmet das Licht in euch groß. Haltet inne und prüft, ob es etwas gibt, was ihr für den Hund tun könnt. Denn wie bereits ausgeführt, sind sie oft eingehüllt in die Energie der Menschen, bei denen sie leben. Und vielleicht spürt ihr ja den Impuls, den Hunden abzunehmen und ins Licht zu geben, was auf ihnen lastet und nicht zu ihnen gehört.

Die Seelenenergie der Katzen ist sehr hochschwingend und wirkt direkt in euren Herzen. Katzen ermöglichen den Blick auf die eigene Seele. Wann immer euch Katzen begegnen, bittet sie innerlich darum, euch zu helfen, die Impulse der Seele zu deuten. Oft sind Verletzungen oder Krankheiten der Katzen Hinweise auf eure eigenen Seelenverletzungen, oder besser, Verletzungen, die ihr erfahren habt und die noch auf der Seelenebene wirken.

Auch Tiere haben den energetischen Sitz der Seele in ihrem Bauchraum und die Seelenenergie kann sich – wenn sie sich willkommen fühlt und einfach schwingen darf – über die körperlichen Grenzen hinweg ausbreiten. Meistens ist das nur in der freien Natur möglich, da ihr Menschen oft nur Aspekte von Tieren annehmt und sie nicht in ihrer Ganzheit willkommen heißt.

Je natürlicher und unerzogener eure Tiere sind, desto klarer und freier sind ihre Seelenqualitäten. Ihr könnt euch mit der Seele eurer Tiere verbinden und auch mich – Sophia – bitten, den Tieren das abzunehmen, was nicht zu ihnen gehört, den Kontakt und das Zusammenleben zu segnen und die Energien, in denen ihr euch befindet, zu klären.

Diese Informationen in diesem Kapitel über Tierseelen sind nur ein kleiner Teil eines großen, komplexen Wissens. In diesem Buch geht es um eure Seele und warum euch das Gefühl immer wieder begegnet, ihr wärt nicht mit der Seele verbunden und ihre Impulse nicht wahrnehmen könntet. Der Anteil von euch Menschen, der auf die Seelen der Tiere übergeht, kann und will geheilt werden. Wenn ihr Menschen eure Energien klärt und eure Entwicklungen lebt und heil werdet, dann macht es auch für eure Tiere, die euch mit unterschiedlichen Aufgaben und Fähigkeiten begleiten. Befreit eure Tiere von Verstrickungen und den Schwingungen, die nicht zu ihnen gehören, damit sie ihre höheren Aufgaben aus der übergeordneten Seelenebene leben und erfahren können und nicht eure Aufgaben und Verstrickungen erleiden und auflösen müssen.

Insekten haben auch ihre Aufgaben, die sie meistens im Kollektiv erledigen. Viele von ihnen teilen die Aufgabe, Verbindungen zwischen den Dimensionen und auch den Wesen, also auch euch Menschen, herzustellen. Jedoch ist ihre Seelenenergie eine übergeordnete Energie. Die Seele ist bei Insekten nicht im physischen Körper, sondern in der feinstofflichen Ebene. Um euch ein Bild zu geben, dürft ihr sie euch vorstellen, wie eine strahlende Wolke, die sich um die Erde legt. Diese Wolke liegt wie ein Gürtel um die Erde. Die übergeordnete Seelenenergie hält die Erde feinstofflich zusammen und wirkt ständig auf die Schwingung der Erde ein. Dieser Lichtgürtel ist in ständiger Verbindung mit der Ursprungsenergie, und auch diese Seelenenergie trägt Heilinformationen für die Welt.

Ähnlich verhält es sich bei den Pflanzen, denn auch jede Pflanze ist beseelt. Die Seelenenergie ist jedoch nicht fest in der Pflanze verankert, sondern wie bei Insekten schwebt sie oberhalb der Pflanze.

Pflanzen unterliegen immer der Kraft, die sie umgibt. Sie beugen sich der Schaffensenergie, die um sie herum ist. Doch haben sie auch eigene Aufgaben. Sie ordnen sich euch Menschen als Beschützer und Heiler zu und vor allen Dingen tragen sie eine große Heilaufgabe für Mutter Erde. Sie reinigen und transformieren unterschiedliche Ebenen auf der Erde, vor allen Dingen klären sie das Erdreich und das Reich der Luft.

Oft werden Blumen und Pflanzen von Naturwesen bewohnt und schließen eine friedvolle Symbiose miteinander. Sie leben ein erfülltes Leben im Sein und auch die Naturwesen haben eine Seele. Ihre Seele ist nicht in der Materie inkarniert, sondern schwingt in der feinstofflichen Ebene, in der auch die Naturwesen sind. Sie können sich jedoch auch manifestieren und sich so für euch, zum Beispiel in Bäumen, sichtbar machen. Ihre Seele hat ihren Sitz wie beim Menschen je nach Entwicklungsstand im Bauchraum, im Herzen oder auch oberhalb des Wesens.

Es gibt soviel, was ich – Sophia - euch über die Seelenstruktur auf der Erde erklären könnte, doch geht es in diesem Buch vorrangig um die Seele der Menschen. Ich möchte, dass ihr wisst, wo die Seele ihren Sitz hat, und dass ihr wisst, dass alles auf der Erde eine Seele und auch seine Aufgaben hat. Viele Wesen, Pflanzen, Bäume und auch Tiere ordnen sich euch Menschen in ihrem Sein unter, da ihr ihre Lebensräume beeinflusst, jedoch tragen sie alle eine Energie in sich, die auch ihr tragt. Die Ursprungsseelenenergie, das Licht und die Liebe schwingt in allem, was ist, und diese Aufgabe teilt ihr euch alle miteinander. Ich – Sophia – bitte an dieser Stelle um eure Achtsamkeit im

Umgang mit jedem Leben. Heißt die Seelenenergie, die in euch pulsiert und die euch in eurer Welt, in jedem Baum, jedem Tier und jeder Pflanze begegnet, willkommen und begegnet ihr mit Respekt und Dank, denn ohne die Seelenenergie wäre ein Leben auf der Welt nicht möglich. Segnet und dankt jedem Leben. Glaubt nicht, dass jedes Leben nur die eine Aufgabe in sich trägt, sich euch Menschen unterzuordnen, sondern befreit das Leben, das euch umgibt, aus den Fesseln eures Lebens. Wie innen so außen, wirken die Fesseln, die ihr anderen anlegt, auch in euch und halten euch gefangen in euren Begrenzungen. Wenn ihr Menschen um Freiheit bittet, dann lasst alles frei, denn ihr Menschen habt die Macht und die Kraft und in jedem Moment eures Lebens die Wahl, ob ihr eure Umwelt in Fesseln haltet, oder ob ihr sie aus euren Fesseln befreit. Wenn ihr eure Themen löst und über eure eigenen Schatten springt, dann wird das zum Wohle der Tiere sein. Wenn ihr lernt, die unglaublich schöne Seelenenergie in allem, was ist, zu sehen und zu achten, dann wird sie sich immer mehr entfalten können, und auch in euch selbst. Wenn ihr die Seelen der Tiere fühlen könnt, werdet ihr sie achten und euch vor ihr verneigen, anstatt sie weiter zu zerstören. Wenn ihr euch einmal auf die Seelenenergie einlasst, wird es euch nicht mehr möglich sein, wegzusehen, wenn ein Unheil geschieht, sondern ihr werdet einschreiten, die Seelenenergie in euren Vorstellungen schützen. Ihr werdet auf der Seelenebene miteinander kommunizieren, sodass jede Seelenenergie die Möglichkeit hat, sich zurückzuziehen, bevor ein Unheil geschieht.

Das ist die große Fähigkeit von euch Menschen. Ihr könnt bewusst Energien lenken und Visionen erschaffen. Ich appelliere an euch: Erstellt die Vision in eurer Meditation, die den Lebensraum aller Wesen schützt und aufrechterhält. Erschafft die Realität von Frieden, Licht und Liebe durch die Fähigkeiten, die in euch wohnen. Ihr habt diese Fähigkeiten, um dieser großen Seelenaufgabe nachzukommen. Ich werde euch hierzu eine Meditation mit auf den Weg geben.

Um auf der Erde anzukommen, werdet ihr mit der Seelenenergie von Mutter Erde verbunden. Um ihr verbunden zu bleiben, ist es wichtig, dass ihr euch eurer Verbindung mit der Erde bewusst seid.

Auch eure „Muttererde" hat eine Seelenenergie, die sie in ihrem Herzen trägt. Die Seele von Mutter Erde ist im Mittelpunkt der Erde, und auch sie strömt ganz zentral aus ihrer Mitte heraus über alle Grenzen und in alle Ebenen. Sie hält das Leben aller Ebenen aufrecht. Jeder von euch ist verbunden mit der großen Seelenenergie von Mutter Erde, und jede Seelenebene ist verbunden mit ihrer großen Lebenskraft, die euch allen innewohnt. Auch sie vermag zu heilen und auch sie möchte befreit werden, von allem, was euch einengt, denn nur so wird sie frei. Es gibt Bewertungen, Manipulationen, Begrenzungen und Verurteilungen von Lebensformen auf der Erde. Seid euch bewusst, dass alles, was ihr euch erschafft, auch das ist, in dem ihr euch aufhaltet. Ihr könnt nicht frei werden zu Lasten anderer Lebensformen. Ihr könnt nicht eure Liebe leben und andere Ebenen verdrängen. Und das kann auch Mutter Erde nicht. Die Seelenenergie von Mutter Erde möchte die Erde und all ihre Bewohner heilen von allem, was sie beeinflusst, damit sie sich ihrer ureigenen Aufgabe widmen kann, dem Leben, dem Sein und dem Wachsen.

Es ist wichtig, dass ihr euch immer wieder verbindet mit der Seelenenergie von Mutter Erde. Das verändert eure Schwingung, holt euch aus euren Themen heraus und versorgt euch mit den Energien, die ihr gerade auf der Erde braucht.

Wenn ihr euch auf der Seelenebene mit Mutter Erde verbindet, verändert ihr eure Welt. Je mehr ihr euch auf der Seelenebene aufhaltet, desto heller und leichter wird euer Sein werden können. Vergesst nicht: Es ist in jedem Augenblick eures Lebens eure eigene Wahl und Entscheidung, in welchen Energien ihr euch aufhaltet. Es ist an der Zeit, dass ihr eure Welt befreit von den Emotionen, die euch immer wieder in eure Schatten ziehen. Überwindet euch und entscheidet euch immer wieder für die Liebe in eurem Leben, das öffnet die Herzen, lässt eure Energie weich werden, und letztendlich ist das der Weg, in eurer Seelenenergie zu schwingen. Ihr Menschen könnt soviel mehr erreichen für euch selbst und alles Leben auf der Welt, wenn ihr euch nur in jeder Situation für das Licht entscheidet.

Eure Leben sind Lektionen der und für die Seele, und ganz gleich, was gewesen ist, es ist jetzt der Moment, innezuhalten und eure Welt zu verändern. In kleinen Schritten verändert ihr eure Welt. Ihr könnt nicht selbst in Resignation oder Angst feststecken und glauben, eure Seele sei frei. Doch könnt ihr euch von der Resignation oder Angst befreien, indem ihr euch immer wieder für die Liebe in euch entscheidet und somit das Tor in euch öffnet und das Licht der Seele wieder in euch erstrahlen lasst.

Die Seelenfamilie

Wie ich bereits erklärt habe, stammt ihr alle von der großen Ursprungsenergie ab und ihr alle habt eure Leben und eure Lebensformen angenommen. Ihr habt Gemeinschaften gebildet und euch vereint in den Gemeinschaften, denen ihr entstammt. Eine dieser Gemeinschaften für irdische Inkarnationen ist die Familie. Das ist die Lebensgemeinschaft, in die ihr hineingeboren werdet und die auch in der feinstofflichen Ebene besteht.

Eine Seelenfamilie ist nicht immer die Familie, in der ihr auf der Erde inkarniert seid. Eure Seelenfamilie ist die Gemeinschaft eurer ursprünglichen Seelenenergie. Ihr könnt euch das vorstellen, wie bei der Zellteilung. Aus einer Zelle formt sich die nächste und dies geht weiter bis ins Unendliche.

Aus einem Tropfen der Ursprungsenergie entsteht neues Leben, und ihr alle seid im Ursprung aus diesem einen Lichttropfen entstanden und somit auch mit ihm verbunden. So ist das Bild, das ich euch dazu weitergebe, damit der Verstand seine Ruhe findet, denn die Seelenebene und im Besonderen der Ursprung der Seele ist nicht mit dem Verstand zu erfassen.

Jedes Familienmitglied eurer Seelenfamilie trägt zum einen die euch verbindende Seelenenergie mit sich und zum anderen hat jedes Familienmitglied auch eigene Qualitäten, Themen, Begabungen und vor allem Schwingungen.

Durch die vielen Inkarnationen auf der Erde hat sich das Familienbild immer mehr in der feinstofflichen Ebene „gefestigt“. Das heißt, dass ihr eure Seelenfamilie in den Formen wahrnehmen könnt, die ihr in eurer Vorstellung mit jedem einzelnen Familienmitglied verbindet, und jedes Familienmitglied kann sich euch in dieser von euch erwarteten Form auch zeigen.

Ich werde jetzt auf die einzelnen Familienmitglieder und ihre Qualitäten eingehen. Ich bitte euch hineinzuspüren, bei welchem Familienmitglied ihr eine Resonanz verspürt. Das kann eine Sehnsucht sein, ein Wunsch, ein Gefühl der Liebe oder vielleicht auch ein Gefühl der Ablehnung oder auch ein Trennungsschmerz oder auch etwas, was ich jetzt nicht genannt habe. Die Heilarbeit mit eurer Seelenfamilie bewirkt Heilung in euren irdischen Leben, denn eure Gefühle spiegeln eure Seele, und das, was ihr empfindet, wenn ihr erfahrt, welche Qualitäten eure Seelenfamilie in sich trägt, sind die euch verborgenen, unbewussten Ebenen in euch selbst. Ganz gleich, was es ist, was euch begegnen wird, die Verbindung mit der Seelenfamilie gibt euch den Rahmen, den ihr braucht, um euch im Leben sicher und getragen zu fühlen. Es geht nicht darum, mit dem Verstand zu erfassen, was euch jetzt energetisch begegnen und sich mit euch verbinden wird. Das Wichtige, was beim Lesen der Qualitäten der einzelnen Familienmitglieder geschieht, ist das, was es in euch bewirkt. Erlaubt innerlich, dass sich eure Tore öffnen für die seelischen Verbindungen und dass sich eure Schutzmechanismen und auch Schutzmauern, die ihr um euch selbst errichtet habt, auflösen. Nicht nur ihr vermisst eure Seelenfamilie, sondern auch die Seelenfamilie wünscht sich nichts sehnlicher als die Verbindung mit euch, um euch mit dem zu versorgen, was ihr braucht. Daher ist es wichtig, dass ihr euch immer wieder bewusst macht, dass Trennung eine Illusion eures menschlichen Daseins ist. Öffnet euch durch eure Vorstellungskraft für das, was die Seelenfamilie euch bereitstellt. Kommt auf die Sophia-Ebene. Ich hebe euch in meinen Schoß und werde euch helfen, eure Illusionen abzulegen.

Wenn ihr im irdischen Leben vielleicht ein verletztes Verhältnis zu euren Eltern habt, ist es um so wichtiger, dass ihr euch mit euren Seeleneltern verbindet, damit der Verletzungsschmerz in euch geheilt werden kann, und vielleicht erhaltet ihr ja auch Erklärungen oder Einsichten, die euch in die Schwingungsebene der Vergebung bringen und euch im jetzigen irdischen Leben Frieden schließen lassen mit euch selbst und eurer Familie.

Seelenmutter

Die Seelenmutter steht für das Versorgt-sein. Ganz gleich, was euch in eurem Leben begegnet, eure Seelenmutter wird euch nähren und stärken, damit ihr euren irdischen Weg gehen könnt. Eure Seelenmutter kennt euch und weiß ganz genau, was sie euch zutrauen kann und wobei ihr ihre Hilfe benötigt. Eure Seelenmutter bereitet die Wege vor für euch, damit ihr einen guten Start auf euren Wegen habt und vollenden könnt, was sie begonnen hat. Eure Seelenmutter hüllt euch in ihre Liebe ein und hat immer einen weisen Rat für euch. Eure Seelenmutter kennt die Antworten auf eure Fragen an das Leben, und gemeinsam mit euch wird sie das aus dem Weg räumen, was euch in den Weg gelegt worden ist – manchmal von euch selbst und manchmal auch von anderen.

Eure Seelenmutter hält ihre Seelenfamilie zusammen und Streit, Neid oder Missgunst sind auf der Seelenebene nicht vorhanden. Doch leitet eure Seelenmutter euch immer wieder an, sanft miteinander umzugehen und das zu vergeben, also hinzusehen und ohne Wertung in die Ursprungsenergie zu geben, was euch in irgendeiner Form beeinflusst, damit das, was euch und allen Beteiligten begegnet und überschattet, in die Heilungsebene abgegeben werden kann.

Eure Seelenmutter weist euch in die Zyklen des irdischen Lebens ein und begleitet euch in allen Phasen eures Seins, also auch und ganz besonders dann, wenn ihr euch von eurem seelischen Ursprung oder eurer Seelenfamilie wie abgespalten oder getrennt fühlt.

Ich bitte euch, innerlich all diese Facetten der Seelenmutter zu euch zu rufen oder besser direkt in euch hineinzurufen und sie darum zu bitten, eure Wunden in diesen Themen zu heilen und euch zu helfen, euch zu öffnen für all das, was sie euch zu geben hat und was ihr in eurem Leben so schmerzlich vermisst. Seid versichert, dass das Gefühl, alleine zu sein, und euren Lebensweg alleine beschreiten zu müssen und von der Seelenfamilie getrennt zu sein, eine Illusion eures irdischen Seins ist und das Rückverbinden mit der Seelenfamilie eine eurer vielen Lebensaufgaben. Nur wenn ihr im Leben mit der Seelenfamilie verbunden seid, seid ihr ausgestattet mit allem, was ihr für euer irdisches Leben braucht, um all eure Aufgaben und Heilungen zu erfahren.

Seelenvater

Diese Energie steht vor allem für die Stärke und die Führung und Anleitung. Der Seelenvater ist derjenige, der auf neuen Wegen vorangeht und alle übergriffigen Energien von seiner Seelenfamilie fernhält. Wenn ihr euch mit eurem Seelenvater verbindet und erlaubt, dass er die Führung in eurem Leben übernimmt und euch stärkt und ausbildet für das, was auf euch zukommen wird, dann werdet ihr auf eurem Lebensweg spürbar angeschoben werden. Der Seelenvater hält seine Familie zusammen und verhilft euch, Einsichten zu erhalten, die wichtig für euch sind und euch aus einer Situation heraushelfen, in der ihr festzustecken scheint. Ganz gleich, was ihr in eurem Leben getan oder gelassen habt, euer Seelenvater wird immer zu euch stehen, euch unterstützen und fördern.

Der Seelenvater ist es, der den Verstand mit all seinen Fragen an die richtige Position in eurem Sein bringen kann, damit er euch mental zur Ruhe kommen lässt.

Der Seelenvater tanzt mit eurer Seelenmutter durchs Leben, und wenn ihr mit beiden verbunden seid, dann wird mehr Leichtigkeit in euer Leben einkehren, da ihr einen starken Rückhalt spüren werdet.

Haltet auch jetzt wieder einen Moment inne und ruft innerlich alle Facetten eures Seelenvaters in euer heutiges Sein. Schließt dazu die Augen.

Seelengeschwister

Auch eure Seelengeschwister, also diejenigen, deren Seelenessenz aus der gleichen Familie ist und von den gleichen Seeleneltern abstammt, halten Energien für euch bereit, denn sie teilen den Weg mit euch. Verbunden sind sie selbst auch mit den Seeleneltern. Seelenbrüder stützen euch und machen euch immer wieder Mut, euren Weg zu gehen. Seelenschwestern unterstützen euch und achten darauf, dass ihr euch nicht in den Befindlichkeiten des Lebens verliert. Seelengeschwister laden euch immer wieder zu sich in die Seelenfamilie ein, um euch zu regenerieren und Mut zu schöpfen. Seelengeschwister können auch mit euch inkarnieren. Oft ist das bei Mehrlingsgeburten der Fall. Sehr oft begleiten Seelengeschwister die inkarnierende Seele bis in den menschlichen Körper hinein und ziehen sich dann wieder zurück in die Feinstofflichkeit. Nur wenige Menschen spüren, dass eine schwangere Frau manchmal mehrere Seelen in sich trägt.

Egal, welche Aufgabe sich eure Seele für ein Leben gestellt hat, ihr teilt jede Aufgabe mit all euren Fähigkeiten und mit all den Fähigkeiten eurer Seelengeschwister und steht daher niemals alleine da. Dabei ist es ganz gleich, ob ihr im Leben Kontakt zu euren Seelengeschwistern habt und auch, ob ihr irdische Geschwister und ein gutes Verhältnis zu ihnen habt. Eure Seelengeschwister gehen jeden Weg mit euch und auch ihr geht jeden Weg mit ihnen. Ihr alle teilt eure Fähigkeiten und seid treue und verlässliche Wegbegleiter. Nehmt daher innerlich den Kontakt zu euren Seelengeschwistern auf, bittet um ihre Unterstützung und bietet auch selbst eure Unterstützung bei allen Lebensthemen an.

Es gibt einen Ort in der feinstofflichen Welt, an dem die Seelenfamilie zu Hause ist, und zu diesem Ort könnt ihr jederzeit in eurer Meditation oder Visualisierung reisen. Ich werde euch hierzu eine Anleitung durchgeben und bitte euch, euch selbst immer wieder irdische Pausen zu gönnen und an den Ort eures energetischen Ursprungs zu reisen, denn dort könnt ihr euch erholen und außerhalb der irdischen Wahrnehmung die Leichtigkeit eures Seins erfahren. Hier könnt ihr euch daran erinnern, wie es ist, ohne Befindlichkeiten und ohne das Spüren von Kränkungen oder Verletzungen durchs Leben zu gehen. Hier werdet ihr Erleichterung finden, euch verstanden, gestärkt und aufgehoben fühlen. All das ist etwas, was ihr in eurer Welt schmerzlich vermisst und was ihr braucht, damit ihr mit euren Aufgaben auf der Erde weiterkommt.

Auch wenn ihr vielleicht mit eurer irdischen Familie im Streit lebt, so steht doch die irdische Familie immer für eine große Aufgabe, die ihr gemeinsam zu bewältigen habt. Geschwister teilen oft einen Seelenaspekt miteinander und das ist die seelische Verbindung, die ihr braucht, um Aufgaben zu erfüllen.

Jeder Einzelne entscheidet für sich, welchen Weg er mit der irdischen Familie gehen möchte und ob er das große Ziel, den Frieden mit sich und allem – also auch und ganz besonders mit der Familie – in sich trägt und schwingen lässt. Doch die Seelenfamilie wirkt und schwingt auf einer anderen Ebene, und zwar der feinstofflichen, und sie wirkt in euren Systemen. Die Seelenfamilie kennt keine Kränkung oder Verletzung, sondern unterstützt euch auf eurem Weg in euren inneren Frieden. Ganz gleich, welche Aufgabe ihr angehen wollt, wenn ihr sie mit eurer Seelenfamilie angeht, also euch immer wieder mit ihr verbindet und sie in eurer Herkunftsebene besucht, dann wird euer Weg leichter sein. Ihr erhaltet soviel Unterstützung, denn all eure Aufgaben teilt ihr mit der Seelenfamilie, und vor allen Dingen wird sich die Liebe eurer Seelenfamilie in euren Herzen öffnen. Für all diejenigen von euch, die sich von sich selber abgeschnitten fühlen und den roten Faden auf ihrem Lebensweg verloren haben, ist es wichtig, sich mit der Seelenfamilie zu verbinden, denn sie wird euch helfen, euch selbst wieder zu fühlen und eure Herzen zu öffnen, und die Illusion des Von-sich-selbst-Getrenntseins wird sich auflösen.

Die Seelenpartner

Eine Seele wählt, bevor sie ins irdische Leben geht, die Themen und Aufgaben, die sie im Leben erfahren, heilen und auflösen und sich dadurch entwickeln möchte. Sie trifft auch Vereinbarungen mit anderen Seelen, denen sie im Leben begegnen möchte, und legt fest, welche Themen sie mit anderen Seelen aufarbeiten möchte.

Es werden auch Zeitpunkte, Alter oder Orte, an denen sich die Seelen verabredet haben, festgelegt.

Manchmal habt ihr Menschen das Bedürfnis, an einen Ort zu reisen oder an einem Seminar teilzunehmen, ohne dass es sich rational erklären lässt. Ihr spürt einen unerklärlichen Drang, und meistens ist das der Ruf oder die Führung der Seele, die zu einem früheren Zeitpunkt eine Vereinbarung getroffen hat und aus diesem Grunde an einem bestimmten Ort zu einer bestimmten Zeit sein möchte. Doch woher wisst ihr, ob es sich um einen Impuls aus eurer Unsicherheit heraus handelt oder ob es wirklich die Seele ist, die euch anleitet? Die Antwort ist ganz leicht, denn alles, was die Seele sich wünscht oder wohin die Seele euch leitet, wird sich wie von allein ergeben. Die Seele setzt euch nicht unter Druck und stellt auch keine Ultimaten.

Oft erkennt ihr Menschen erst im Rückblick, ob es sich um eine Seelenführung gehandelt hat. Der Grund dafür ist euer Verstand. Doch wenn ihr einmal im Rückblick erkannt habt, dass eine Situation in eurem Leben eine Seelenführung war, dann habt ihr die Möglichkeit, euch ganz bewusst noch einmal in diese Situation hinein zu fühlen, und je mehr ihr euch innerlich zurücknehmen könnt, und das tut ihr allein schon durch eure Bereitschaft dazu, desto mehr könnt ihr die Kraft und die Schwingung eurer Seele spüren. Macht diese kleine Aufgabe immer wieder in eurem Leben und alles in euch – eure ganzen Systeme bis in die Zellebene hinein – wird sich an die Seelenschwingung erinnern und diese als solche für sich abspeichern. Dadurch programmiert ihr quasi euer Sein auf die Wahrnehmung der Seelenenergie.

Ich sagte bereits an anderen Stellen in diesem Buch, dass der Verstand ruhen muss, damit ihr eure Seele wahrnehmen und ihr die Führung überlassen könnt. Wenn ihr die Energie eurer Seele einmal wiedererkannt habt, dann werdet ihr sie immer wieder erkennen können.

Seelenpartnerschaften sind Vereinbarungen eurer Seelen, im Leben eine Aufgabe gemeinsam mit anderen Seelen zu bewältigen oder ein Stück des Lebens oder auch das ganze Leben gemeinsam mit einer Seele zu gehen.

Seelenpartnerschaften können aus der gleichen Seelenfamilie sein, doch das ist keine Voraussetzung. Seelen, die eine Partnerschaft eingehen und Vereinbarungen getroffen haben, können auch aus unterschiedlichen Ebenen sein.

Es gibt Seelen aus den unterschiedlichsten Ebenen, die derzeit inkarnieren, und so kann eine Seele aus der Engel-Ebene zum Beispiel mit Seelen aus der Ebene der Naturwesen eine Vereinbarung oder Partnerschaft gründen.

Eine Seelenpartnerschaft wird nicht nur eingegangen, um zwei Menschen glücklich zu machen, sondern Seelenpartnerschaften dienen auch immer dem Wohle der Allgemeinheit. Meist ist es so, wenn Seelenpartnerschaften eine Liebebeziehung als Aufgabe haben, dann haben diese Seelen auch größere Aufgaben für die Allgemeinheit übernommen und arbeiten, ohne dass es euch Menschen bewusst sein muss, an Kollektivthemen, also an den Themen, deren Auswirkungen alle Wesen und Menschen erfahren, ohne dass es ihnen bewusst ist. Es gibt zum Beispiel das Kollektivthema der Liebesbeziehung, denn viele Liebesbeziehungen sind in eurer Welt Zweckgemeinschaften, die aufrecht erhalten werden aus Angst vor Einsamkeit oder auch aus Bequemlichkeit, da ihr Menschen im Laufe der Inkarnationen nicht mehr so risikobereit seid und mit dem Verstand abwägt und entscheidet. Eine Liebesbeziehung ist ein freiwilliges und erfüllendes Beisammensein, ohne Ansprüche aneinander zu stellen und ohne den Partner oder die Partnerin einzugrenzen. Diese Prägung oder diese Erfahrungen existieren in dem Beziehungsfeld, das ihr Menschen alle miteinander teilt.

Und wenn eine Seelenpartnerschaft eine Liebespartnerschaft in Achtung, Freiheit und Erfüllung miteinander lebt, dann arbeiten diese Seelen an der Klärung dieses Beziehungsfeldes mit, und dabei ist es ganz gleich, ob euch Menschen das bewusst ist oder nicht.

Um so eine Aufgabe erfüllen zu können, brauchen die Seelen die Basis von Sicherheit und Liebe, und das erfahrt ihr Menschen ganz intensiv in Seelenpartnerschaften.

Manchmal verwechselt ihr auch einfach die Seelenpartnerschaft mit einer Liebesbeziehung, denn groß ist der Trennungsschmerz in euch, den ihr im irdischen Leben spürt, wenn ihr auf die Erde kommt und durch die Schleier des Vergessens schreitet und die Seele inkarniert.

Natürlich kann es sein, dass Seelen öfter miteinander inkarnieren und sich auch für eine Liebesbeziehung verabreden und eine Partnerschaft eingehen. Das geschieht sehr oft in eurer Welt. Doch das, was ihr Menschen euch unter Seelenpartnern vorstellt, ist mehr euer Wunsch nach einer Liebesbeziehung und ein Ausweg aus der Einsamkeit, als der Wunsch und die große Sehnsucht nach unbegrenzter Verbundenheit, Akzeptanz, Respekt und absoluter Liebe und Wertfreiheit.

Durch das Karmaspiel, das zwar eigentlich bereits beendet ist, jedoch noch aufrecht erhalten bleibt, bis ihr Menschen es in allen Inkarnationen es als beendet anerkennt, haben sich Seelen immer wieder für unterschiedliche Aufgaben verabredet und dadurch gibt es aktuell viele Seelen, die bereits viele Inkarnationen miteinander verbracht haben. Manche arbeiten sogar noch immer an der gleichen Aufgabe und andere habe sich immer wieder für neue Aufgaben miteinander verabredet.

Die Seelenpartnerschaften der heutigen Zeit bestehen oft seit mehreren Inkarnationen, denn ihr Menschen habt noch Themen aufzuarbeiten, die eure Seelen sich bereits für frühere Inkarnationen vorgenommen hatten. Daher können auch die Seelenpartnerschaften über mehrere Inkarnationen dauern, wenn sie ihre Aufgaben im Leben nicht erfüllen. Daher kann es auch dazu kommen, dass ihr im aktuellen Leben bei mehreren Menschen das Gefühl habt, dass es sich um eine Seelenpartnerschaft handelt. Wenn ihr den Impuls verspürt, dann wird das auch so sein, denn bislang habt ihr viele Themen und Aufgaben von einem zum nächsten Leben aufgeschoben, was jetzt aber in dieser Form nicht mehr möglich ist.

Als inkarnierte Seele habt ihr auf der Erde den freien Willen, und in manchen Inkarnationen habt ihr aus unterschiedlichen Gründen – meist waren es Angst, Unsicherheit und Manipulation, die ihr erfahren habt – Entscheidungen getroffen, die nicht zur Erfüllung des Seelenplanes geführt haben, oder Wege eingeschlagen, die ebenfalls nicht zur Erledigung des Seelenplanes geführt haben. Daher resultieren die Aufgaben, die ihr bereits in mehreren Leben zu erfüllen versucht, und daher bestehen die Seelenpartnerschaften schon länger und ihr Seelen kommt euch – wann und wie auch immer ihr euch begegnet – sehr vertraut vor.

Bislang konnten sich die Themen einfach in die nächste Inkarnation übertragen, doch die Energien auf der Erde haben sich geändert und das, was eure Seelen sich mitgebracht haben, ist jetzt dran und kann nicht mehr einfach in andere Inkarnationen übertragen werden. In meinem Buch über die Zyklen des Lebens habe ich euch bereits erklärt, dass ihr eure Aufgaben zu erfüllen habt, sonst werden sie auf die Seelen übertragen, die zu eurer Familie gehören. Es ist dabei ganz gleich, ob es die Seelen eurer Kinder oder die der Herkunftsfamilie sind.

Sie können auch auf andere Seelen übergehen, denn es gibt Seelen, die sich einfach für solche Dienste oder Themenübernahmen bereit erklärt haben. Meist sind dies Seelen aus der Engel- oder Naturwesen-Ebene.

Es kann auch sein, dass die Themen einfach durch die Felder, die ihr Menschen miteinander teilt, auf andere Menschen mit ähnlichen Themen übergehen, da diese bereit und in der Lage sind, diese Aufgaben zum Wohle und zur Befreiung der Allgemeinheit mit zu übernehmen.

Ihr wisst, dass ihr jederzeit meine volle Unterstützung erhaltet und auch diesen Weg nicht alleine gehen müsst.

Ich – Sophia – kenne jede einzelne Seele und ich kann euch helfen, euer Leben in Abstimmung mit eurem Seelenplan zu leben. Ich lasse niemanden allein und bin auch gerne dabei behilflich, dass eure Seelen ihre Seelenpartner finden, wenn sie sich im Leben noch nicht begegnet sind.

Wenn eine Seele eine Partnerschaft eingegangen ist, dann werden sich die Menschen, in denen die Seelen inkarniert sind, immer wieder aufs Neue anziehen.

Eine Seelenpartnerschaft kann ein ganzes Leben lang dauern, doch kann es auch sein, dass sie nur für eine bestimmte Aufgabe besteht. Es kann also sein, dass eine Aufgabe bereits erfüllt ist, wenn es auch nur einen kurzen Moment gegeben hat, in dem sich die Seelen begegneten, doch das, was sie dadurch bewirken können, kann großartig sein.

Ihr Menschen dürft euch zurücklehnen. Auf der Seelenebene könnt ihr nichts verpassen, denn ihr tragt alles, was ihr für euer Leben braucht, in euch oder habt festgelegt, was zu welchem Zeitpunkt in euer Leben kommen wird. Oft sind Zeitpunkte, wie zum Beispiel ein bestimmtes Alter, in eurem Seelenplan festgelegt, an denen Qualitäten zu euch kommen oder ihr euch für einen bestimmten neuen Weg in eurem Leben entscheidet.

Wenn eine Seelenpartnerschaft sich erfüllt, dann ist es eine Vision, die ihr Menschen miteinander teilt, und eine Anziehungskraft besteht, die sich euch nicht erklären lässt. Jede erfüllte Seelenaufgabe wirkt befreiend für jede Seele auf der Erde.

Es gibt jedoch auch Dualseelen, bei denen sich die Seele auf zwei Körper aufgeteilt hat. Wenn sich zwei Dualseelen finden, ist dies ein höchst spiritueller Akt. Die Erscheinung von Dualseelen gibt es nicht nur in Partnerschaften, sondern auch bei Geschwistern, Freunden und praktisch bei allen Wesen. Was eine Dualseelenerscheinung ausmacht, ist die enorme Anziehungskraft, die sie ausübt. Die Seelenbegegnungen sind schicksalhaft. Doch auch bei Dualseelen kann es sein, dass die Seele nur für einen bestimmten Auftrag oder eine bestimmte Entwicklung ihrer Dualseele begegnen muss. Des Nachts, wenn euer Bewusstsein und euer Verstand schlafen, verbinden sich Dualseelen, stimmen sich miteinander ab, und ganz ohne euer Zutun und losgelöst von Zeit und Raum ziehen sich Dualseelen an, finden sich und wirken miteinander. Nicht jede Dualseele teilt sich auf menschliche Körper auf. Manche Dualseele teilt sich auf einen irdischen und einen feinstofflichen Körper auf. Es gibt viele ungeahnte Kombinationen und meistens ist es für Dualseelen wichtig, dass sie unerkannt bleiben.

Menschen, die in anderen Inkarnationen über großes Wissen verfügen, teilen sich oft als Dualseele auf, um den Zugang zu dem hohen Wissen zu schützen bis zu dem Zeitpunkt, an dem sich alle Seelenaspekte sicher fühlen und nicht manipuliert werden können. Die Seelenebene ist sehr rein und wenn Seelen sich vereinen, werden sie geschützt.

Ich – Sophia – spreche an dieser Stelle allen Seelen, Menschen, Tieren und Wesen meinen Dank dafür aus, dass ihr unentwegt eure Seelenwege geht, auch wenn ihr glaubt, dass ihr sie manchmal nicht findet. Allein durch eure Bereitschaft, eure Seelenaufgaben anzunehmen, bewirkt ihr Großartiges! Und ich bitte euch, euch selbst und jedem anderen Respekt und Dank entgegenzubringen für den Weg, den jeder von euch geht!

Irgendwann - und der Tag wird kommen – werdet ihr Seelen euch alle erkennen, euch gegenüberstehen, in die Arme nehmen, vergeben und Vergebung erhalten, danken und auch Dank erhalten und euch in der allesverbindenden ursprünglichen Energie wiedererkennen und lichtvoll schwingen. Ich – Sophia – freue mich bereits heute auf diese Begegnungen, auf dieses Erwachen und gebe dadurch meine Kraft in eure Leben, die euch unterstützt und auch ein wenig auf eurem Wege anschiebt.

Geht eure Wege, lebt eure Beziehungen und Partnerschaften in Liebe und Respekt und grenzt euch nicht ein, dann wird jede Seelenpartnerschaft, jede Liebesbeziehung ein weiterer Schritt auf dem Weg der Heilung des irdischen Beziehungsfeldes sein.

Die Heilung, die sich die Seele wünscht

Ihr Menschen sagt, eure Augen seien das Tor zur Seele. Wenn ihr euch in die Augen schaut, dann würdet ihr euch in die Seele schauen. Und das ist auch wahr, denn durch den tiefen Blick in eure Augen können sich eure Seelen gegenseitig wahrnehmen, sich verbinden und auch wiedererkennen. Durch die Augen könnt ihr Seelenenergie von anderen Menschen in euch aufnehmen und auch eure eigene Seelenenergie an andere Menschen senden. Gebt euch mehr Zeit für einen tiefgründigen Augenkontakt, denn ihr gebt euch dadurch nicht nur die Gelegenheit, andere Seelen zu erkennen, sondern auch eure Seele findet dadurch ihren Raum und kann sich entfalten. Wenn ihr eure Augen öffnet, kann eure eigene Seelenschwingung durch eure Augen nach außen treten. Euer Körper ist in ständigem Austausch mit seinem Umfeld. Manche Menschen können diesen energetischen Austausch spüren oder auch bewusst wahrnehmen und dadurch sogar den Blick eines anderen Menschen spüren.

Wenn ihr euch darauf ausrichtet, kann eure Schwingung Heilung, Liebe und Leichtigkeit in die Welt bringen. Durch eine kleine Übung könnt ihr eure Schwingung verändern. Schließt dazu eure Augen und besinnt euch auf das Licht, das in euch wohnt. Gebt dabei keine Aufmerksamkeit euren Alltagsgedanken und Befindlichkeiten, sondern gönnt ihnen einfach Ruhe und eine kleine Pause. Während ihr atmet, zieht ihr innerlich euer Licht hinauf in euren

Kopf und ganz konkret hinter eure Augen. Lasst euer Licht und die Schwingung eurer Seele sich hinter euren Augen stauen und dann öffnet ihr eure Augen und erlaubt, dass euer Licht und somit eure höchste Seelenenergie aus euren Augen in die Welt strömt.

Es ist im Leben eure eigene Wahl, ob ihr das Licht, die Liebe und Heilung transportiert oder ob ihr eure Ängste, Sorgen, Schmerzen und Begrenzungen in die Welt tragt. Verändert euer Umfeld durch diese kleine Übung und lasst euren Blick zur Heilung der Welt beitragen.

Eure Seele braucht Raum und einen festen Platz in eurem Alltag, und sie bittet euch um Zeiten am Tag, an denen ihr nichts erledigen müsst, nichts denken müsst und auch nicht von außen beeinflusst werdet, sondern einfach ihr selber seid. Eure Seele braucht nicht viel Zeit, sie bittet nur um Aufmerksamkeit, Achtsamkeit und Raum.

Geht in die Natur oder stellt euch auf die Terrasse oder den Balkon, nehmt ein paar Atemzüge, schließt eure Augen und richtet euren Blick nach innen, spürt die klare Luft, den Wind, die Sonne oder den Regen. Mit jedem Einatmen nehmt ihr das Licht in euch auf, und dann öffnet die Augen und stellt euch vor, dass sich all eure Systeme öffnen. Visualisiert, dass ihr durch das Öffnen eurer Augen eure Seelenenergie und somit das Licht eures Ursprungs in die Welt sendet, so wie ich es euch zuvor erklärt habe.

Lasst euch auch vom Licht und von den Naturkräften erfassen. Durch bewusstes Atmen regt ihr euren energetischen Stoffwechsel an und aktiviert eure körperlichen Selbstheilungskräfte. Ihr alle tragt Heilenergie in euch, denn wenn ihr euch schneidet oder verletzt, weiß der Körper von selbst, wie er heilt, ganz ohne euer Zutun.

Vertraut auf diese Kräfte in euch und aktiviert immer wieder euren energetischen Stoffwechsel, lasst das Licht fließen in euch und öffnet bewusst eure Augen, um zu sehen und energetisch zu erfassen, was euch umgibt, und auch um eurer Seele ein Fenster zu geben, und sendet dabei das Licht, die Schwingung eurer Seele in eure Umwelt. Das stärkt und reinigt eure Aura und die feinstofflichen Ebenen.

Alles in eurer Welt hat einen energetischen Ursprung und durch diese kleine Übung erweitert ihr euer Bewusstsein, und so können sich die Wege der Seele zeigen, die oft mit anderen Seelen gegangen wurden und manchmal mit ihnen verschlungen sind.

Lasst den energetischen Ausgleich mit eurem Umfeld stattfinden und gebt euch selbst durch einen offenen Blick auch die Möglichkeit, die Vielfalt des Lebens in der Natur zu sehen und die heil- und lichtvolle Schwingung eures Umfeldes wahrzunehmen.

Durch die Augen zu sehen, ist an sich ein feinstofflicher Akt, den ihr jedoch im Leben nicht als solchen erkennt. Was ihr wahrnehmt, Farben, Größen, Bilder, erfasst ihr bewusst mit eurem Verstand, doch unbewusst ist es die Schwingung der Seele, die erfasst und die in euch wirkt. Seelenenergie ist heilend und daher könnt ihr auch durch euren Blick heilen. Ihr könnt Heilung von andern erfahren und auch Heilung an andere Menschen, Wesen, Tiere und Situationen weitergeben. Daher bitte ich euch, für alles Leid und allen Schmerz in der Welt die Augen zu öffnen, eure ureigene Seelenenergie in die Welt strömen zu lassen und heilende Visionen aufzubauen, denn dadurch lasst ihr die heilende Schwingung in euch in die verletzte, leidende Ebene fließen.

Ihr könnt mit eurem Bewusstsein, mit eurer Ausrichtung anfangs aufgrund eurer Begrenzungen nur einen Bruchteil dessen wahrnehmen und heilen, was euch umgibt.

Doch ihr könnt euer Bewusstsein schon durch kleine Übungen erweitern und alle Begrenzungen aufheben. Noch liegt ein Großteil dessen, was in und um euch vorgeht, außerhalb eures Bewusstseins. Es ist euch einfach noch nicht bewusst, doch es ist trotzdem vorhanden. Durch wiederholte und stetige Visualisierung und Öffnung der Augen als Seelenfenster verändert ihr die Materie dessen, was Heilung bedarf, und zwar was euch selbst betrifft und auch andere Menschen, Wesen oder Situationen. Je bewusster ihr durch Selbstöffnung, Visualisierung und Achtsamkeit werdet, desto größer wird eure Wahrnehmung, euer Verständnis und vor allem euer bewusstes Sein. Ihr werdet durch diese kleine Übung in kleinen Schritten euer bewusstes Sein entwickeln und dadurch eurer bewussten Seelenführung immer näherkommen.

Ihr seid es gewohnt in eurer Welt bei Themen, die euch nicht behagen, umzuschalten, als ob ihr mit einer Fernbedienung ein anderes Programm einschalten würdet. Doch in der Bewusstseinsarbeit und in der Seelenarbeit könnt ihr nicht einfach umschalten, sondern ihr müsst ein altes Programm, von dem ihr euch verabschieden wollt, bewusst schließen. Das heißt nicht, dass ihr alle Erfahrungen, ob schmerzlich oder begrenzend oder auch illusionär und manipulativ nochmals erfahren müsst. Nein, es geht um das innere Erkennen dessen, was euch blockiert, und sein Verabschieden, damit ihr die Ebenen und Strukturen, von denen ihr euch befreien wollt, nicht weiter nährt, sondern ihnen alle Kraft, Aufmerksamkeit und Energie entzieht. Traut euch und traut euch selbst zu, dass ihr alle die Kraft und auch die Macht habt, eure unbewussten Programme zu verabschieden, zu schließen und vor eurem Inneren Auge einfach neutral werden zu lassen.

Wenn ihr einmal mit dieser Aufgabe beginnt, werden sich euch alle Programme, die noch unbewusst laufen, zeigen können, damit ihr sie schließt, um irgendwann ein Programm oder einen Kanal zu finden, der euch nichts vormacht oder begrenzt und in dem ihr selbst euch nichts vormacht und der Wahrheit öffnet.

Es gibt viele unterschiedliche Wahrnehmungen von euch Menschen, die unter anderem von euren unterschiedlichen Programmen beeinflusst und auch begrenzt werden. Doch es gibt nur eine Wahrheit und diese Wahrheit ist das Ziel eurer Seele.

Ich werde euch hierzu eine Meditationsübung am Ende dieses Buches geben, damit ihr eure Programme erkennen und löschen könnt. Viele Programme werden auch im Kollektiv gelöst werden können, ohne dass ihr sie euch noch einmal anschauen müsst. Damit ihr das besser verstehen könnt, möchte ich euch ein Beispiel von Kollektivthemen nennen: die Gleichberechtigung der Frau. Viele Seelen arbeiten seit mehreren Inkarnationen an der Befreiung von Begrenzungen und Unterdrückungen und somit an der Gleichstellung der Frau. Es gab Seelen, die Pionierarbeit im menschlichen Massenbewusstsein vollbracht haben. Mit innerer Überzeugung und Kraft haben sie für die Gleichstellung gekämpft und somit Türen im Massenbewusstsein aufgestoßen. Sie taten dies nicht, weil sie den Ruf der Seele gehört haben oder weil sie diese Seelenaufgabe gekannt hätten, sondern weil sie nicht anders konnten. Dadurch waren diese Menschen in der Kraft ihrer Seele.

Es ist nicht wichtig, dass ihr eure Seelenaufgaben kennt, wichtig ist, dass ihr euren Impulsen folgt und euch für Freiheit, Gleichheit und Achtsamkeit einsetzt, wann immer ihr den Impuls verspürt.

Dadurch, dass einige Menschen die Pionierarbeit an einem Thema übernommen haben, werden die Türen geöffnet und die Überzeugung oder das Wissen um die Gleichberechtigung aller Menschen kann jeden Einzelnen erreichen. Das, was von den Pionieren, also denjenigen, die dem Heilungsweg vorangehen, von diesem Thema gelöst und verabschiedet wird, ist für alle Menschen spürbar. Ihr alle seid Pioniere, und zwar jeden Tag. Es muss euch nicht bewusst sein, für welches Thema ihr eintretet und welche Blockaden ihr für andere löst. Aber macht euch bewusst, wann immer ihr etwas für euch selbst löst, werden auch andere davon befreit.

Jeder Einzelne kann dieses Wirken natürlich stärken durch seine Ausrichtung und sein inneres Öffnen. Jeden Tag die Entscheidung fällen, ein Thema zu hinterfragen, zu verabschieden und bereit zu sein, dieses Thema auf keiner Ebene mehr zu nähren und zu verstärken. Ich – Sophia – stehe euch jederzeit unterstützend zur Seite.

Jede Seele bringt sich ihre Aufgaben und Themen mit, und ihr Menschen müsst nicht immer wissen, verstehen und begreifen, was die Seele sich mitgebracht hat. Aber es ist wichtig, dass ihr auf sie hört und euch von ihr leiten lasst. Ihr könnt eine Führung nicht verpassen, ihr könnt es euch nur selber schwer machen und den Weg der Seele blockieren oder verlangsamen.

Ich weiß, dass viele Menschen glauben, ihre Seele nicht zu verstehen, und ich sehe auch, dass viele Menschen den

Kontakt zur Seele verloren haben. Um den Kontakt wieder aufzunehmen und mit ihr im Austausch zu stehen, braucht es vor allem eure Bereitschaft, die Überzeugung zur Seite zu legen, dass ihr alles wüsstet und begreifen müsstet. Hinterfragt, was euch im Außen begegnet und schaut immer, was es im Inneren mit euch macht, doch hinterfragt nicht mit eurem Verstand euer Inneres, fragt nicht, was es ist, was euch begegnet. Dadurch verlasst ihr die Felder des Vertrauens. Was immer euch im Außen begegnet, wohnt in irgendeiner Form in euch, und wie ich bereits in diesem Buch erwähnt habe, geht es bei der Seelenführung nicht darum, zu verstehen, sondern darum, dass ihr euch ausrichtet und bereit seid, die Prägungen und Erfahrungen loszulassen. Wenn ihr versucht, zu verstehen, lasst ihr nicht los, sondern nährt genau das, wovon ihr euch lösen wollt. Die universalen Gesetze sind einfach und klar. Haltet nicht durch Hinterfragen an dem fest, was euch blockiert oder verlangsamt.

Wenn es etwas gibt, was die Seele sich wünscht, worum die Seele bittet, dann werdet ihr spüren, dass eure Seele euch immer wieder zu diesem Thema hinzieht. Der unbändige Wunsch oder ein großes Interesse, etwas zu tun, was euch eine Erfüllung auf irgendeiner Ebene in Aussicht stellt, ohne andere Menschen zu verletzen oder zu übergehen, ist die Führung der Seele. Sobald ein anderes Wesen, gleich, ob Mensch oder Tier oder Pflanze, dabei übergangen oder verletzt wird, könnt ihr sicher sein, dass es nicht eure Seele ist, die euch zu dieser Tat oder diesem Gedanken oder dieser Veränderung veranlasst hat.

Dann, wenn ihr euch selber nicht erklären könnt, warum euch etwas Bestimmtes so fasziniert, ihr aber nicht davon ablassen könnt, ist es meist der Impuls der Seele. Es kann sein, dass eure Seelen euch an einen bestimmten Ort rufen, weil zum Beispiel an diesem Ort etwas in euch aktiviert wird oder eine energetische Rückverbindung stattfindet. Dann folgt diesem Impuls.

Natürlich könnt ihr auch in eurer Meditation die Seele oder eure lichte Führung, also euer geistiges Helferteam, darum bitten, euch Informationen dazu zu geben, doch dadurch, dass ihr dem Impuls und somit dem Ruf der Seele einfach folgt und diesen Ort bereist, stellt ihr eine Verbindung zur Seele her, die sich im Laufe eures Lebens immer mehr verstärken kann, je mehr ihr solchen Impulsen folgt. Dabei kann diese Reise natürlich auch mental stattfinden. Ob die Seele auch physisch dann zu diesem Ort reisen möchte, wird sich euch zeigen.

Bereits seit vielen Inkarnationen wurde euch abtrainiert, der Seele zu folgen, denn ihr habt gelernt, dass ihr nur die Dinge tut, die auch einen „Sinn" machen. Von dieser Überzeugung bitte ich euch, euch frei zu machen. In der feinstofflichen, energetischen Ebene gibt es keinen Sinn, sondern es gibt die Freiheit und die Begrenzung. Wenn ihr immer nach dem Sinn, den ihr begreifen möchtet, sucht, dann lebt ihr in der Begrenzung. Euer Geist ist frei und das ist eine große, heilende Botschaft für euch. Nehmt diese Überzeugung mit in euren Alltag und bei jeder Begrenzung, die euch begegnet, richtet euch immer auf die Freiheit aus.

Bevor ihr in die mentale Kommunikation mit der Seele gehen könnt, müsst ihr eure Seele befreien von den Begrenzungen, die eure Seelen derzeit gefesselt halten.

Durch diese Fesseln könnt ihr eure Seele nicht erreichen und eure Seele sich nicht entfalten.

Es sind Glaubenssätze, Überzeugungen und das, was ihr gelernt habt, wie ihr euch zu verhalten habt, was man tut oder auch nicht tut, die euch begrenzen. Und die könnt ihr auflösen und verabschieden, wann immer euch bewusst wird, welche Auflagen eure Seele erhalten hat.

Ich möchte euch das an einem Beispiel erklären. Wenn sich die Seele als Aufgabe vorgenommen hat, im Leben viel Zeit in der Natur zu verbringen und das Wachstum von Pflanzen zu begleiten oder zu studieren, dann kann es sein, dass die Seele bereits im Kindesalter die Impulse sendet, als Beruf Gärtner zu wählen. Wenn dann dem Kind dieser Berufswunsch ausgeredet wird und das Kind später einen anderen Beruf wählt, weil es zum Beispiel mehr Geld verdienen kann, dann ist dieser Aspekt der Seele nicht gelebt und die Seele in ihrer Entfaltung begrenzt. Dann ist es heilsam, sich von der Ausrichtung oder der Auflage zu lösen, dass nur der der richtige Beruf ist, in dem ihr am meisten Geld verdienen könnt, sondern der Beruf, der euch Erfüllung und inneren Frieden, also Seelenfrieden, bringt.

Wenn euch jetzt bewusst wird, dass ihr eigentlich einen ganz anderen Beruf hättet erlernen wollen, dann ist es wichtig, dass ihr, wenn ihr den Beruf aktuell nicht wechseln wollt oder könnt, euch in eurer Freizeit mit dem befasst, was der Kern dieses Berufes ist, in diesem Fall also das Gärtnern. Durch einen eigenen Garten könnt ihr diesem Seelenwunsch nachgehen. Es braucht nicht immer eine totale Umstellung in eurem Leben. Es ist wichtig, dass ihr euch für das öffnet, was sich die Seele mitgebracht habt.

Nehmt euch jetzt ein paar Minuten und kommt zur Ruhe, besinnt euch auf eure Freiheit, eure Entscheidungen selbst treffen zu können, ohne jeden Einfluss von außen. Formuliert innerlich die Bitte, euch daran zu erinnern, welchen Beruf ihr als Kind erlernen wolltet. Was war euch wichtig?

Lest den nachfolgenden Text erst einmal durch, bevor ihr euch mental auf die Reise begebt.

Es kann sein, dass euch direkt ein Beruf bewusst wird, es kann aber auch sein, dass ihr eine Eigenschaft wahrnehmt, wie, um bei unserem Beispiel zu bleiben, das Beobachten und Unterstützen von Wachstum oder das Gefühl oder die Vision von Freude und Dankbarkeit, wenn ihr eine Blumenwiese vor euch seht.

Die Seele arbeitet oft nicht mit den menschlichen Begrifflichkeiten, sondern sendet gerne Bilder oder Impulse über die Gefühlsebene. Wenn etwas so schön ist, dass ihr es nicht nur mit dem Auge wahrnehmen wollt, sondern vielleicht auch mit den Händen fühlen oder es malen wollt, dann könnt ihr sicher sein, dass eure Seele euch anleitet, durch alle Sinne diese Energie aufzunehmen.

Alles, was euch in den Sinn kommt, all die Gründe und Argumente, weshalb ihr diesem Wunsch oder diesem Impuls nicht nachgehen solltet, sind Begrenzungen, und in eurer Vorstellung könnt ihr jetzt all eure Begrenzungen an mich – Sophia – abgeben. Eure Seele wird es euch danken!

Nehmt danach ein paar bewusste Atemzüge und dankt euch selbst für diesen Akt der Befreiung!

Natürlich habt ihr auch diese Heilvision nicht nur für euch gemacht, sondern das, was ihr in euch gelöst und verabschiedet habt, wird sich auch auf andere Menschen und Wesen auswirken können. Bitte öffnet euch jetzt für den

Dank aus den hohen, lichten Ebenen für den Dienst, den ihr euch selbst und anderen erbracht habt.

Wichtig ist bei jeder heilenden und befreienden Arbeit, dass ihr die Absicht habt, euch von allem zu befreien, was nicht wahr ist. Das kann natürlich auch bedeuten, dass ihr in manchen Lebensbereichen eure Komfortzonen verlassen werdet und euch neuen, ungeahnten Möglichkeiten öffnet, ohne zu wissen, wo die Wege euch in eurem Leben hinführen werden.

Ihr alle könnt im Leben inneren Frieden, die Liebe und Befreiung finden. Ihr tragt all diese Qualitäten in euch und eure Seele triggert euch ständig, euch zu befreien und von dem zu verabschieden, was euch in irgendeiner Art und Weise begrenzt.

Ein weiteres Werkzeug der Befreiung ist die heilende Kraft der Vergebung. Haltet nicht an den Personen und Situationen fest, durch die Begrenzungen in euch geprägt wurden.

Ursprünglich kamen eure Seelen auf die Welt, um die Erde lichtvoll in der Materie zu bevölkern, die Materie zu erleben und die eigene Schöpferkraft zu studieren und zu leben.

Es gab viele Epochen und Zeitabschnitte, in denen euch Menschen das mehr oder weniger gelungen ist. Ihr wart auf der Erde und habt euch immer wieder in der Ausrichtung gehalten, kraftvolle Energien zum höchsten Wohle und für höchste Fruchtbarkeit und Wachstum auf die Erde zu bringen. Ihr habt einander geachtet, und was immer euch begegnete, habt ihr heilsam im Kollektiv gelöst. Ihr hattet unbegrenztes Bewusstsein und eure Wahrnehmungsmöglichkeiten waren vielfältig.

Nicht jeder Mensch hatte die gleichen Begabungen und Qualitäten, doch ihr habt miteinander geteilt und euch zusammengetan, um in der Gemeinschaft Lösungen zu finden. Heute seid ihr Menschen meist Einzelkämpfer und lebt in der Illusion, für alles kämpfen zu müssen. Das blockiert euren Frieden und ihr seid auf eurem Seelenweg nicht im sanften Fluss der Seelenenergie.

In vielen Inkarnationen habt ihr euch verstrickt, ihr fingt an, Neid zu entwickeln, haben und können zu wollen, was andere Menschen und Wesen um euch herum zu haben schienen. Ihr wolltet nicht benachteiligt sein und fingt an, euch mit anderen zu vergleichen. Dies war der Moment, in dem der Unfrieden in euch seinen Ursprung hatte.

Ihr habt mit eurer Macht gespielt und eure Wahrnehmung begrenzt, was nicht bedeutet, dass die Wahrheit nicht mehr existent wäre.

Ihr wisst selbst und spürt jeden Tag, dass sich die Seele die Befreiung von allen Begrenzungen wünscht. Es ist die Zeit des inneren Aufbrechens. Viele von euch hadern mit sich und scheinen in einem Sumpf von Befindlichkeiten, Egostrukturen und Emotionen festzustecken. All das legt sich wie ein Schatten um eure Seele und begrenzt sie und verlangsamt den Weg, den die Seele gehen möchte.

Um aus diesem Konstrukt, dieser Verstrickung auszusteigen und euch zu lösen, arbeitet mit der Kraft der Vergebung. Vergebt euch vor allen Dingen selbst und macht euch frei von allen Selbstvorwürfen. Selbstvorwürfe halten euch in Situationen fest und dienen nicht der Heilung oder der Befreiung, sondern nähren ein Thema.

Wenn ihr euch selbst vergebt, alle Beteiligten um Vergebung bittet und auch allen Beteiligten vergebt, dann ist das die Grundlage, die ihr durch eure Ausrichtung erschafft, um aus einer Verstrickung oder einer Situation komplett auszusteigen und euch selbst und auch andere, die ebenfalls in diesen Verstrickungen eingebunden waren, zu befreien.

Vergebt euch selbst!

Es gibt keine Kraft, keinen Engel und kein Wesen, das eure Seele verurteilen würde, also braucht ihr es auch nicht zu tun! Kein anderer hält euch so stark in euren Verstrickungen wie ihr selbst. Löst eure Knoten und befreit euch durch eure eigene Vergebung. Durch Vergebung verlasst ihr die niedrig schwingenden Ebenen des Schmerzes und der Begrenzung und gebt alles, was ihr erschaffen habt, in die Hände eurer hohen, lichten Führung. Wenn ihr euch dazu aufgerufen fühlt, dürft ihr auch mir – Sophia – das überreichen, was ihr euch selbst und auch anderen vergeben habt. Ich danke euch bereits jetzt für eure heilende Vergebungsarbeit!

Es gibt neben der Seelenenergie noch eine weitere heilende Energie, die ihr Menschen in euch tragt, und das ist die Kraft eures Herzens. Um eure Verletzungen und Selbstvorwürfe zu überwinden und euch selbst in eurer Seelenkraft nicht weiter zu blockieren, arbeitet mit eurer Herzensenergie, die die Kraft hat, all das zu heilen, was eure Seele begrenzt. Die Kraft eures Herzens lässt euch den Frieden finden mit Themen und Personen, mit denen ihr hadert, an denen ihr festhaltet und sie noch nicht loslassen könnt.

Was immer es ist, was euch auf irgendeiner Ebene noch gefangen hält und nicht zur Ruhe kommen lässt, hört auf, es zu bewerten, und hört auf, es zu bekämpfen. Holt tief

Luft und ruft in eure Herzen, was euch blockiert. Lernt, wertfrei zu lösen und zu heilen, was euch beschäftigt.

Was immer es ist, womit ihr hadert, was euch in eurem Bewusstsein oder auf der Seelenebene gefangen hält, holt es innerlich in eure Herzen und hüllt es ein mit der Kraft eurer Liebe. Wann immer ihr mit dem Herzen heilt, tritt der Verstand in den Hintergrund und das ist auch gut so.

Denn die Heilung auf der Seelenebene hat nichts mit dem Verstand zu tun, auch wenn die Heilung natürlich auch auf der Verstandesebene geschieht. Wenn eine Begrenzung gelöst wird, wird sie gelöst auf allen Ebenen, denn es geht nur um eure Bereitschaft zur Auflösung und das ist eine Entscheidung auf alle Ebenen und allen Zeiten. Und auch mein Wirken ist keineswegs begrenzt und wirkt sich auf allen Ebenen aus. Es ist ganz gleich, ob ihr an die Heilkraft oder sogenannte Wunder glaubt, denn das, was gelöst werden will und wovon ihr euch verabschiedet, kann geheilt und gelöst werden. Heilung geschieht, auch ganz ohne euren Glauben. Und doch ist es auch so, dass durch die Kraft des Glaubens Heilprozesse verstärkt werden und bei manchen Themen ist es andererseits wichtig, dass ihr euch deren Heilung nicht bewusst seid und euch dadurch ganz aus diesen Themen zurückzieht und sie nicht nährt.

Ich werde euch hierzu eine Anleitung in Form einer Meditation geben, die ihr im Anhang dieses Buches finden werdet.

Die Heilung, die sich die Seele wünscht, werdet ihr daran erkennen, dass ihr nicht anders könnt, als euch auf einen Weg zu machen, eine Person wiederzufinden oder einen Ort aufzusuchen oder das unbändige Bedürfnis habt, euch für andere Menschen oder Unstimmigkeiten auf der Erde einzusetzen.

Wichtig für euren Weg der Seelenheilung ist, dass ihr lernt zu erkennen, welche Ebene in euch euch Impulse sendet. Viele Impulse der Verletzungsebene werden von euch als Impulse der Seele verstanden. Das kann euch irreführen und führt meist nicht zur Heilung und Befreiung.

Ganz oft geschieht das bei euch Menschen, wenn es um Partnerschaften geht. Seelenpartnerschaften gibt es unzählige in eurem Leben und sie können – wie zuvor schon ausgeführt – ganz unterschiedliche Inhalte haben. Wenn ihr Menschen einen Beziehungspartner sucht, dann glaubt ihr meist, etwas in einer anderen Person wiederzufinden, was euch komplettiert. Dies ist ein absoluter Irrglaube. Alles, was euch ausmacht, was ihr zum Leben braucht, tragt ihr in euch. Es geht fast immer darum, eure Verletzungen zu heilen, und nicht darum, einen anderen Menschen mit der Wiedergutmachung einer Wunde zu beauftragen.

Eine Partnerschaft zwischen zwei Menschen kann eine wundervolle und sehr erfüllende Symbiose sein. Wie bei jedem anderen Thema im Leben geht es jedoch darum, aus welcher Motivation ihr eine Beziehung eingeht und in welcher Ausrichtung ihr eine Beziehung lebt oder wünscht.

Wenn ihr glaubt, es würde euch in eurem Leben eine Beziehung fehlen, dann seid ihr im Mangelbewusstsein, und ohne dass ihr das jemals so beabsichtigt habt, nährt ihr das Mangelbewusstsein und sendet genau diese Aspekte oder Signale in die Resonanzfelder des Universums aus. Wenn ihr aber wisst, dass ihr ganz seid und alles in euch tragt, was ihr braucht, dann sendet ihr die Fülle und den inneren

Frieden in die Resonanzfelder des Universums und ihr ruft dadurch das in euer Leben das euch erfüllt und inneren Frieden bringt. Ihr wisst um diese Zusammenhänge und doch lebt ihr oft an der Oberfläche eures Wissens, anstatt in die Tiefe eurer Weisheit einzutauchen, da es in eurer Gesellschaft nicht so vorgeschrieben ist.

Wenn ihr euch im Trennungsschmerz aufhaltet und auf der Suche seid, dann verlasst ihr die Felder eures sicheren Daseins. Ihr verlasst euch selbst und ruht nicht in eurer Mitte. Ihr dürft sicher sein: Auf eurem Seelenweg könnt ihr keine Gelegenheiten verpassen und ihr werdet immer wieder in Situationen geführt, die dazu führen, dass Heilung oder Vollendung für die Seele stattfinden kann. Gerade das Thema Partnerschaft ist in eurer Welt so groß „geschrieben“, dass ihr immer wieder an mögliche Partner oder Partnerinnen geratet, die eure Verletzungsebene bedienen, und ihr dabei ganz außer Acht lasst, dass es Menschen, Seelenpartner, um euch herum gibt, wie zum Beispiel die Nachbarin, auf die ihr euch immer verlassen könnt, die an eurem Leben und Seelenfrieden interessiert ist, oder der Arbeitskollege oder Freund, der sich immer hinter euch stellt und euch den Rücken stärkt und euch unterstützt.

Findet einen Moment der Ruhe auf dem Weg der rastlosen Suche nach Partnerschaft und fragt euch, was es ist, das ihr glaubt, das ihr selbst nicht in euch tragt. Eine erfüllte Partnerschaft ist das GEBEN und LEBEN. Da geht es nicht um das Nehmen, auch wenn viele von euch ein Problem haben, Gutes, das ihnen im Leben begegnet, anzunehmen.

Wenn ihr für euch den Frieden mit dem Thema Beziehung schließt und einfach die Möglichkeit in Betracht zieht, dass eine Beziehung in der herkömmlichen Form, so wie ihr es in vielen Spielfilmen darstellt und dadurch eine Sehnsucht schürt, vielleicht in diesem Leben für die Seele nicht vorgesehen war, könnt ihr das Thema loslassen.

Es kann natürlich auch sein, dass auf der Seelenebene eine Partnerschaft für dieses Leben vereinbart war, der andere Part sich jedoch oder vielleicht sogar ihr selbst für etwas anderes oder jemand anderen in eurem Leben entscheidet und eine von beiden Seelen dann doch auf der Suche bleibt. Auch in diesem Fall geschieht die Heilung dieser Situation durch die Versöhnung mit ihr. Ohne zu wissen, welche Gründe dahinterstehen mögen, könnt ihr eine Situation an mich – Sophia – übergeben und euren Frieden mit diesem Thema schließen.

Ihr könnt sicher sein, dass sich das Richtige in eurem Leben einstellen wird. Denn manchmal ist genau das Abgeben von „alten", nicht erfüllten Absprachen und das Friedenschließen mit dem Thema die Heilung und Erlösung, die es braucht, damit eure Seelen frei werden für neue Möglichkeiten, die das Universum für euch bereithält. Das kann nicht geschehen, wenn ihr festhaltet an dem, was ihr sucht und euch so sehr wünscht.

Ihr könnt dieses Raster, diese heilbringende und erlösende Vorgehensweise auf alle Lebensbereiche anwenden. Wann immer euch etwas begegnet, prüft für euch, ob es vielleicht Situationen gab, in denen ihr euch aus Angst oder aufgrund einer alten Verletzung gegen eine befreiende oder erfüllende Möglichkeit entschieden habt. Wenn dem so ist, dann vergebt euch selbst, haltet nicht mehr an dieser Situation fest und übergebt mir eure Situationen und Erkenntnisse. Hüllt diese Situationen oder Entscheidungen in eure Liebe ein und lasst sie vom Licht verwandeln. Dadurch befreit ihr euch von eurem Ballast und erschafft die

Möglichkeiten für eine freie Seele, die vom Universum das geboten bekommt, was sie erfüllt und heilt.

6. Was die Seele nährt und stärkt

Umgebt euch mit natürlichen Dingen und übergebt euch den natürlichen Zyklen.

Ihr braucht frische Luft und die Natur nicht nur für euer Wohlgefühl, sondern in der Natur erhält eure Seele auch immer wieder ein natürliches Update. Die Natur ist euch Menschen sehr weit voraus und kann sich immer wieder auf neue Lebensumstände einstellen. Wenn ihr Menschen in der Natur seid, kann sich auch eure Seele, der natürlichste Teil in euch, der nicht von eurer Wissenschaft erforscht oder verändert werden kann, den neuen Lebensumständen anpassen.

Jede Seele sucht sich vor ihrer Geburt ihren Lebensraum aus und die Seele ist vorbereitet auf die regionalen Schwingungen. Ihre Seelenaufgaben und auch die Zeitpunkte, wann welche Aufgaben oder Entwicklungen stattfinden werden, sind angepasst an die Schwingungen der Orte oder der Regionen, in denen die Seele leben wird. Daher ist es ganz wichtig, dass ihr Menschen immer wieder in die Natur geht und euch auch für euch unangenehmen Wetterlagen stellt. Eure Systeme werden angepasst, und zwar so, wie es die Seele braucht für ihre jeweils nächste Aufgabe. In der Natur kann die Seele die Verbindung zu ihrer Seelenfamilie leichter herstellen, ganz ohne euer Zutun.

Wenn ihr Menschen euch nur in geschlossenen Räumen aufhaltet, die künstlich mit Licht und Sauerstoff versorgt werden, kann die Seele sich nicht frei entfalten und nicht die Impulse von außen erhalten, die sie braucht, um ihre Aufgaben anzugehen.

Wenn ihr in geschlossenen Räumen und abgeschnitten von den natürlichen Zyklen lebt, schneidet ihr euch selbst den Weg zu eurer Seele und somit zu euch selbst ab.

Eure Seelen brauchen die Vielfalt der Natur. Sie brauchen Gerüche, Farben, sie brauchen die Weite und Unendlichkeit der Natur.

Durch eure Augen nimmt die Seele Energie, Kraft und Qualitäten auf und gibt ihre eigene Schwingung auch durch ihre Augen ab. Wenn ihr euch nur in Räumen mit künstlicher Versorgung aufhaltet, dann ist das, was eure Seele aufnehmen kann, sehr begrenzt.

Die Seele braucht Lebendigkeit. Sie passt sich unentwegt den Energien, die sie umgeben, an.

Die Seele braucht frische Nahrung und keine konservierte, mit künstlichen Zusätzen versehene Fertigwaren. Wann immer ihr Nahrung zubereitet, achtet auf eure Gedanken und - wer kann - auch auf eure Schwingung. Kocht in Freude und Liebe für die Menschen, für die die Nahrung gedacht ist. Dankt der Natur für die unendliche Fülle von Nährstoffen und ladet gedanklich all die heilbringenden energetischen Zusätze aus der unendlichen Fülle der Natur ein, damit jede Mahlzeit, die ihr zu euch nehmt, wie ein Fest wird. Ein Fest der Vereinigung und des Zusammenlegens von Energien der Nahrung und denen des Menschen, für den die Nahrung zubereitet wird.

Wenn Nahrung für eine große Gruppe zubereitet wird, dann werden immer die Kollektivthemen angesprochen und von der Nahrung bedient. Das Thema Nahrung ist sehr sensibel und über eure Nahrung geschieht viel Manipulation und Beeinflussung. Gebt euch selbst den Platz zurück, der euch in eurem Leben zugedacht ist, und gewöhnt es euch an, in euch zu hören oder zu spüren und ein Gefühl dafür zu entwickeln, was euer Körper braucht. Auch dies ist ein Weg, mit eurer Seele zu kommunizieren.

Essen ist viel mehr als nur Nahrungsaufnahme. Ihr versorgt eure Körper auch mit Energien, die die Nahrung in sich trägt. Ein Salat aus einem Garten, der mit Liebe nachhaltig gepflegt und geerntet wird, trägt ganz andere Energien in sich als ein Salat, der in riesen Feldern angelegt wird und maschinell abgeerntet wird, ohne jeden Gedanken des Dankens. Es geht wie bei allem im Leben um eure Ausrichtung. Esst in Achtsamkeit und spürt in euch selbst hinein, welche Nahrungsmittel mit welcher Schwingung gerade für euren Körper verträglich sind.

Ich bitte euch auch darauf zu achten, wann ihr mit eurer Nahrung Süchte bedient. Es gibt Nahrung, die euch in Illusionen festhält und euch von dieser Nahrung abhängig macht. So kann es zum Beispiel sein, dass durch Nahrung, die ihr feste und laut zerkauen müsst, Aggressionen in euch freigesetzt werden, die ihr beim Kauen produziert und dann hinunterschluckt. Diese Art der Nahrung und der Nahrungsaufnahme kann nicht heilvoll und segensreich sein, denn all die hinunter geschluckten Aggressionen schlummern in euch und richten sich im späteren Leben oft gegen euch selbst. So können Autoimmunerkrankungen entstehen. Doch bitte setzt jetzt nicht Aggression mit Wut gleich. Wut ist eine Energie, die euch viel Kraft verleiht. Wut hilft euch über starke Gefühle, wie zum Beispiel Enttäuschung oder Verlust hinweg. Doch bleibt nicht in der Wut stecken, denn Wut schneidet euch von eurer Seele und eurer Führung ab. Gebt Wut an Mutter Erde ab, sie kann sie wandeln und ihre Kraft für die Natur verwenden. Wendet eure Wut niemals gegen andere Menschen oder Wesen, denn das ist eine große Verletzung und ein starker Übergriff, der meist auf euch selbst zurückkommen wird, so lautet das Gesetz von Ursache und Wirkung. Aggression entsteht durch Unterdrückung eurer selbst, wird also von euch selbst veranlasst. Wut wird hingegen von außen getriggert. Wenn ihr wütend seid, könnt ihr keine Nahrung zu euch nehmen, doch wenn ihr Aggressionen in euch tragt, dann könnt ihr Nahrung zu euch nehmen, die sich in eurem Feld und eurem Körper gegen euch selbst richtet. Wut und Aggressionen verändern eure Schwingung und wirken derart, dass die Aura sich zusammenzieht und eure Energien ins Stocken geraten. Viele von euch hören in der Wut und in der Aggression auf zu atmen und verlieren dadurch den Kontakt zu sich selbst.

Wenn ihr Nahrung kaut, richtet euch auf das Schöne in eurem Leben aus, wofür ihr dankbar sein könnt, und das ist die Schwingung, die ihr zu euch nehmen wollt und eurem Körper zumuten wollt, damit die Seele sich wohlfühlt.

Segnet und energetisiert eure Speisen und Getränke. Ihr alle wisst bereits aus vielen anderen Büchern, welche Art von Ernährung gut für euch ist. Ich möchte euch an dieser Stelle nur daran erinnern, damit ihr in der Achtsamkeit bleibt oder wieder zu ihr zurückkehrt. Ihr habt das Wissen, entscheidet euch dafür und wendet es an.

Als Menschen besteht ihr zu einem Großteil aus Wasser, daher ist es wichtig, dass ihr viel Wasser zu euch nehmt und euch mit Wasser umgebt. Ein Blick auf ein Gewässer ist Heilung für die Seele. Quellwasser zu trinken, ist ebenfalls Heilung für die Seele. Wasser nimmt die Energie dessen, was es umgibt, leicht an und trägt dessen Schwingung. Daher achtet darauf, dass ihr gutes, reines Wasser zu euch nehmt.

Energetisiert euer Wasser mit Frieden, Liebe und Heilung. Bittet die Engel darum, euer Wasser zu energetisieren und mit den Essenzen zu versehen, die eure Seele oder euer Körper gerade brauchen. Wasser ist existentiell für euer menschliches Leben. Reicht auch denen das Wasser, die ihr nicht sehen könnt. Stellt Wasser für eure Verstorbenen und auch für die Naturwesen parat. Sie werden es euch danken und euer Leben bereichern.

Achtet darauf, was ihr zu euch nehmt. Heilkräuter sind für körperliche Heilungen bestimmt und das ist auch die Schwingung, die sie im Körper abgeben. Daher trinkt Heilkräutertees mit der Absicht, gesund zu werden oder auch zu bleiben, doch trinkt sie nicht einfach, weil sie euch schmecken, denn Heilkräuter haben eine große Wirkung im Körper und können eure Systeme auch belasten oder durcheinanderbringen.

Wenn ihr euch etwas Gutes tun wollt, dann achtet auch auf die Genussmittel.

Es gibt viele Getränke oder Nahrungsmittel, die damit beworben werden, dass sie gut für die Seele seien, doch oft belasten sie eure Systeme mehr, als dass sie der Seele oder dem Körper guttun würden. Viele solcher Nahrungsmittel begrenzen euch und eure Wahrnehmung und tragen dazu bei, dass ihr aus eurer Mitte fallt und mit eurer Wahrnehmung nach außen gerichtet werdet, anstatt nach innen.

Das, was ihr Genussmittel nennt, sind meist Suchtmittel, und sie stehen stellvertretend für etwas, das ihr in eurem Leben vermisst und sucht. Was das ist, könnt ihr nur selbst herausfinden, wenn ihr ehrlich zu euch selbst seid. Gönnt euch eine Pause von dem, was ihr täglich zu euch nehmt. Wenn ihr auf etwas nicht verzichten könnt oder wollt, prüft ganz ehrlich mit euch selbst in eurer Meditation, welche Entbehrung oder welcher Wunsch dahintersteht, und gebt euch das, was die Seele braucht. Und gebt euch mit keinem Ersatz und auch nicht mit weniger zufrieden als dem, was die Seele braucht.

Löst euch von euren Ess- und Trinkgewohnheiten und öffnet euch für eine neue, echte Art zu leben. Bittet eure Seele um Impulse und nehmt die Nahrung zu euch, die eurer Seelenschwingung entspricht. Die Seele kennt den Weg und weiß, was ihr braucht, und das kann bei jedem Einzelnen von euch etwas ganz anderes sein.

Auch Stress und Anspannung entspringen niemals der Seelenführung. Wann immer ihr merkt, dass ihr unter Druck steht, angespannt seid und das Gefühl habt, ihr hättet keine Zeit für euch selbst, dann ist das genau der Moment, innezuhalten und etwas zu verändern. Wenn ihr unter Druck seid, seid ihr eurer Seelenführung ganz fern. Es ist so, als wäre die Verbindung unterbrochen. Stress entsteht nicht auf der Seelenebene, sondern entspringt eurem Verstand und der Prägung durch eure Leistungsgesellschaft. Das Vertrauen, dass ihr der Liebe wert seid, also liebenswert seid, ohne dass ihr irgendetwas dafür zu tun oder zu beweisen bräuchtet, scheint für euch die größte Aufgabe zu sein. Erst wenn ihr aufhört, euch selbst und anderen etwas zu beweisen oder etwas zu tun, um etwas anderes dafür zu erhalten, und sei es auch „nur“ Aufmerksamkeit, erst dann befindet ihr euch auf dem Wege zu eurer Seele. Ihr erhaltet nicht alle Antworten auf einmal. Es werden die Antworten zu euch kommen, die ihr bereits in euch freigelegt habt. Daher bitte ich euch um Gelassenheit. Gelassenheit ist die Bereitschaft dafür, Antworten oder Hinweise von eurer Seelenführung zu erhalten. Wenn ich von der Seelenführung spreche, dann heißt das, dass die Seele die Führung übernimmt, oder aber, dass ihr Impulse von der Seelenfamilie erhaltet. Das kann auf unterschiedlichste Art geschehen. In der Meditation, durch Menschen, Impulse durch Bücher oder vielleicht auch in Träumen. Denn wenn ihr schlaft, verlasst ihr die Ebenen des Verstandes und eure Seelenführung kann beginnen. Viele Eingaben eurer geistigen Führung, von mir oder eurer Seelenführung geschehen des Nachts, wenn ihr schlaft. Wenn die Dunkelheit sich um eure Körper hüllt, können euch die lichten Impulse leicht erreichen. Dunkelheit ist nicht gleich Schatten. Dunkelheit ist Neutralität, und wie gesagt, in der Dunkelheit ist das Licht leicht zu erkennen und das Licht verändert jede Dunkelheit.

Wann immer ihr unter Druck steht, prüft für euch, wer oder was euch antreibt, und schließt Frieden mit dem Thema, dieser Person oder diesem Antrieb. Seid bereit, diesen Antrieb abzugeben, ihn nicht weiter zu nähren, erlöst seinen Ursprung und bittet mich oder eure geistigen Helfer darum, euch diesen Antrieb abzunehmen und den Druck zu transformieren.

Die Seele braucht Auszeiten und Zeiten der Ruhe genauso, wie sie auch Klang, Musik und Bewegung braucht. Die Seele braucht die Vielfältigkeit eures irdischen Seins, um alle Aspekte des irdischen Lebens erfassen zu können. Ob ihr euch dessen bewusst seid oder nicht, die Seele schöpft aus allen Situationen eures Lebens. Ihr erweist eurer Seelen einen großen Dienst, wenn ihr, wann immer es euch möglich ist, euch in der Natur aufhaltet und erlaubt, dass natürliche Zyklen und Prozesse in und mit eurem Körper geschehen. Kämpft nicht gegen eure Natürlichkeit und unterdrückt nichts, wenn eure Seele sich Ausdruck verschaffen möchte.

Die Seele braucht körperliche Ruhephasen, in denen euer Verstand ruht, so wie es ist, wenn ihr schlaft. Schlaft nach Möglichkeit in Dunkelheit ohne Ablenkung durch Nachtlichter. In der Dunkelheit werden eure körperlichen Wahrnehmungen eingeschränkt und der Körper kann in tiefere Entspannungszustände kommen, als wenn euch ein Licht während des Schlafes umgeben würde.

Im Schlaf erhält die Seele Updates aus den geistigen Ebenen, und ihr alle wisst, dass ihr des Nachts multidimensional wirkt und gelehrt werdet. Auch die Seele wirkt des Nachts, wenn der Verstand und auch euer Ego ruhen. Tut euch selbst den Gefallen und gebt euch gute Ruhezeiten und einen guten Schlaf. Belastet den Körper nicht durch schweres Essen oder Alkohol zur Nacht, sondern versucht so rein wie möglich in den Schlaf zu gleiten. Eure Seele wird es euch danken.

Heilende, sanfte Klänge oder Gesänge wirken wie heilender Balsam in euren Systemen, weichen eure energetischen Verhärtungen auf und nähren die Seele.

Liebe und Herzensöffnung nähren eure Seele, genauso wie gute Gespräche.

Wenn ihr Menschen euch in guter, helfender und liebevoller Ausrichtung austauscht, ohne zu manipulieren, euch zu profilieren oder euch selbst oder anderen etwas vorzumachen, dann sind auch Gespräche Nahrung für die Seele.

Erlaubt eurer Seele immer wieder ganz bewusst, die Führung zu übernehmen. Handelt niemals vorschnell und gebt euch und eurer Seele Zeit für Entscheidungen.

Entweder ihr wisst in dem Moment, wenn ihr vor einer Entscheidung steht, bereits die Antwort, da die Situation für die Entscheidung schon lange Zeit in euch herbei gesehnt worden ist, oder ihr schlaft mindestens eine gute Nacht, bevor ihr eine Entscheidung trefft. Entscheidungen der Seele geschehen niemals vorschnell. Entscheidungen der Seele haben Zeit.

Natürlich gibt es Situationen, denen die Seele durchaus zustimmen kann, die als Gelegenheiten anzusehen sind und vielleicht nicht noch einmal zu euch kommen. Dann sind es Gelegenheiten, die der seelischen Entwicklung nicht entgegenstehen, aber auch nicht wichtig für die Seele sind. Gelegenheiten kommen und gehen in eurem Leben, doch Seelenführung ist eine konstante Führung, der ihr euch als Mensch nicht entziehen könnt.

Eure Seele wird es euch danken, und das werdet ihr spüren, wenn ihr bei allem, was ihr im Leben tut, zu euch nehmt und auch anderen zukommen lasst, innehaltet und in euch hineinspürt, ob es das ist, was ihr gerade wirklich braucht oder was euch guttun würde, oder ob ihr einer Sucht oder einem Impuls von außen folgt.

Erlaubt nicht länger, dass Industrien darüber entscheiden, was eurer Seele und eurem Körper guttut, sondern orientiert euch an der Natur. Die Natur hat Zeit und kann sich allem anpassen. Auch eure Seele hat Zeit und wird sich energetisch allen Situationen anpassen können und mit ihnen wachsen, lernen und sich entwickeln können.

Ganz gleich, ob ihr den Impuls verspürt, zu tanzen oder zu ruhen, fangt an, den Impulsen und somit eurer Seelenführung zu folgen. Wenn ihr euer Leben in Abstimmung mit der Seele verbringt, wird es die Seele euch danken und DANKEN verändert die Welt. Danken verändert eure GeDANKEN, und wenn ihr euch durch eure Seele in die Ebene der Leichtigkeit, der Einfachheit und der Klarheit eurer Gedanken erhebt, wird eurer Leben leichter und erfüllter sein und das wird auch die Energie sein, die ihr nach außen abgebt. Jeder von euch kann die Welt, in der ihr lebt, verändern!

Dies ist eine eurer aller Seelenaufgaben und dieser Aufgabe habt ihr zugestimmt, lange Zeit, bevor ihr auf diese Welt gekommen seid.

Wie sich die Seele Ausdruck verleiht

Eure Körper sind das Gefäß oder auch das Haus, das die Seele um sich herum geformt hat. Eure Seele wohnt in euren Körpern, doch die Seele ist weitaus mehr als euer Körper und kann sich auch über die körperlichen Grenzen hinweg ausdehnen. Ihr werdet in den anhängenden Meditationen immer wieder eine Anleitung dazu erhalten, wie ihr euch auf eure Mitte besinnt, euch einschwingt in eure Seelenessenz und diese Schwingung vergrößert und in die Welt hinaussendet. Das wird die Kraft eurer Seele stärken. Es geht in eurem Leben darum, dass ihr in all euren Situationen lernt, bei euch zu bleiben und den Impulsen eurer Seele zu folgen. Also die Energie und die Kraft eurer Seele zu stärken, und eure Seelenenergie über eure körperlichen Grenzen hinaus auszudehnen. Es geht nicht darum, dass ihr erlaubt, dass die Energien, die euch umgeben, eure Körper vereinnahmen und eure Seele mitsamt ihrem Potenzial begrenzen. Daher ist es wichtig, dass ihr euch immer wieder mental auf eure Seelenenergie ausrichtet, diese stärkt und sie strahlen lasst – weit über eure Körper hinaus. Bleibt bei euch und erlaubt nicht, dass Energien von außen, die euch umgeben, euch energetisch begrenzen und euer Wachstum beeinflussen. Eure Seele weiß genau, welchen Körper, welche Zellen, welche Schwingung und auch welchen Klang der Stimme sie für die jeweilige Inkarnation braucht. Und wenn ihr euch auf die Schwingung eurer Seele ausrichtet und ihr den Raum gebt, den sie braucht, und euch in die Schwingung eurer

Seele hüllt, dann kann sich die Seele leichter in der Materie entfalten und den Körper entstehen lassen, den sie braucht. Die Entscheidung oder besser der Plan dessen, was die Seele braucht, wurde bereits vor eurer Inkarnation festgelegt.

Eure Seele verleiht sich den Ausdruck über euren Körper, den sie braucht. Jeder noch so kleine Aspekt eures Körpers entstammt der Schwingung eurer Seele. Was die Seele einengt, sind Bewertungen, Urteile und auch Ängste. Wenn ihr etwas an eurem Körper verurteilt oder ablehnt, dann verurteilt oder lehnt ihr dessen Ursprung auf der Seelenebene ab.

Euer Alltag gibt es oft nicht her, dass ihr euch hinsetzt und in euch spürt, was gerade gut für euch ist. Leistungsdruck, Stress und hohe Ansprüche an euch erschweren es euch, die Impulse der Seele wahrzunehmen.

In euren Körpern findet ihr immer Hinweise auf eure Seelenherkunft. Seelen können aus unterschiedlichen Ebenen stammen. Kein anderer Mensch wird euch mehr zu eurer seelischen Herkunft sagen können als ihr selbst. Vertraut darauf, dass ihr euch für den Fall, dass es wichtig zu wissen ist, wo ihr herkommt, eurer seelischen Herkunft bewusst werdet und diese Antworten in euch finden werdet.

Bittet eure Seele darum, euch die Impulse zu senden, die ihr braucht, um euch eurer Seelenherkunft bewusst zu werden, und eure Seele wird euch anleiten können, wenn ihr nicht versucht, ihr Antworten vorzugeben. Vertraut darauf, dass sich euch die Antworten zeigen werden, wenn ihr sie braucht.

Körperliche Größe

Eure Körpergröße kann ein Hinweis auf eure Herkunft sein. Es kann aber auch sein, dass euch eure Seele durch eure Größe einen Hinweis auf euer Verhalten gibt. Menschen, die eher klein sind, können ihre Herkunft im Reich der Naturwesen haben. Es kann jedoch auch ein Hinweis darauf sein, dass ihr euch selber klein macht und eure Größe vielleicht nicht annehmen könnt oder wollt. Es kann auch ein Hinweis darauf sein, dass ihr euch vielleicht von euren Wegen abbringen lasst und daher nicht in eure wahre Erscheinung kommt.

Wenn ihr körperlich groß und aufrecht seid, kann dies ein Hinweis sein, dass ihr eine intergalaktische Herkunft habt und vielleicht von den Hathoren stammt. Es kann auch ein Hinweis auf ein Machtstreben oder eine Sehnsucht, wahrgenommen und gesehen zu werden, sein. Es kann auch ein Hinweis auf eure seelische Größe und die Bereitschaft aufrecht und sichtbar durchs Leben zu gehen, sein.

Ihr könnt nur selber prüfen und in Erfahrung bringen, warum eure Körpergröße so ist, wie sie ist. Alles hat irgendwann seinen energetischen Ursprung und nur ihr selbst könnt euren Ursprung erfahren.

Haarfarbe

Eure Haarfarbe, die Haarbeschaffenheit und Form kann ebenfalls ein Hinweis auf eure Herkunft sein. Haare können wild und unbändig sein, was ein Hinweis sein kann auf ein inneres Aufbegehren eurer Seele. Es kann jedoch auch eure Natur widerspiegeln, die frei und unbändig ist.

Eure Haare können fein oder eher borstig sein und auch hierfür kann es Gründe geben. Feine Haare können ein Hinweis auf ein sanftes Wesen sein oder auch auf ein Wesen, das immer wieder von außen bewertet und verurteilt und dadurch gebändigt wurde.

Auch hier könnt ihr nur selbst für euch hineinfühlen und um Antworten oder Hinweise bitten. Haare sind bekanntlich Antennen und nehmen energetisch viel von dem auf, was sie umgibt, daher brauchen Haare auch einen besonderen energetischen Schutz. Schließt eure Haare mit in eure tägliche energetische Reinigung ein, damit sie befreit werden von dem, was nicht zu ihnen gehört.

So können Haare natürlich auch ein Hinweis auf eure Bereitschaft, aufzunehmen und wahrzunehmen, sein. Alles in euch entstammt der Seelenenergie.

Stimme

Alles ist Schwingung und mit jedem Ton und jedem gesprochenen Wort erschafft ihr Schwingungsfelder, die euch umgeben und in denen ihr euch bewegt. Ihr selbst könnt spüren, ob ihr in der Schwingung eurer Seele sprecht oder singt.

Die Stimme der Seele ist immer sanft. Die Seele schreit nicht und verletzt nicht. Die Seelenstimme bewertet nicht, sondern über die Stimme der Seele werden Liebe und Heilung freigesetzt. Ihr selbst spürt und wisst sehr genau, wann ihr in der Schwingung der Seele sprecht oder singt.

Worte aus Wut oder aus Verletzung bringen euch aus der Fassung und schwächen eure Aura. Eure Seele kann, sobald sie in ihrer eigenen Schwingung ist, wieder heilen, denn die Seele regeneriert und erholt sich, sobald ihr ihr Aufmerksamkeit schenkt, und ihr somit Raum zur Heilung gebt.

Lasst euch nicht durch laute Geräusche von außen von eurem Seelenklang abbringen, sondern richtet euch immer wieder auf den sanften, liebevollen Klang eurer Seele aus.

Um den Klang eurer Seele zu finden, schließt bitte eure Augen und fangt an, ganz sanft hin- und herzuwiegen, so wie es aus euch selbst herauskommt. Haltet euren Mund geschlossen und fokussiert euch auf das Licht, das ihr in euch tragt. Bittet aus ganzem Herzen eure Seele darum, euch ihren Klang und ihre Schwingung spüren zu lassen. Erlaubt, dass jetzt ein leises, sanftes Summen in euch beginnt. Wiegt eure Körper zu der Melodie, die von ganz allein aus euch herauskommt. Traut euch, eurer Seele eine Stimme zu geben. Öffnet euren Mund und eure Augen, wenn ihr den Impuls verspürt, und summt so lange, wie es sich für euch gut und richtig anfühlt. Wiederholt diese kleine Übung immer wieder in eurem Alltag. Dadurch festigt ihr den Kontakt zu eurer Seele und bewegt und summt in ihrer eigenen Schwingung.

Gesichtsform

Bei eurer Gesichtsform ist es ähnlich wie bei eurer Körperform und sie kann euch einen Hinweis auf eure energetische Herkunft oder den energetischen Einfluss, dem ihr unterliegt, geben. Engelhafte Gesichtszüge, behaarte Gesichter, runde oder ovale Kopfformen, können Hinweise auf eure Herkunft aus der Engelebene, der Ebene der Naturwesen oder intergalaktischer Art sein. Genauso können sie jedoch auch ein Hinweis darauf sein, wie ihr selbst mit euch umgegangen seid oder wie andere mit euch umgegangen sind und wie ihr darauf reagiert. Starke Gesichtsbehaarung kann ein Hinweis auf die Herkunft aus dem Naturwesenreich sein. Sie kann jedoch auch dadurch begründet sein, dass eure Seele wachsen möchte und sich ihre Wege sucht, auf denen sie nach außen tragen kann, was sie für die Welt mitgebracht hat.

Es kann aber auch sein, dass ein Mensch mit starker Behaarung eher dazu neigt, sich zu verstecken, als sein wahres Gesicht zu zeigen.

Vertraut darauf, dass eure Seele euch den Hinweis geben wird, damit ihr erkennt, was die Seele wünscht oder was an Veränderung erforderlich ist, damit die Seele ihren Weg gehen und ihre Aufgaben erfüllen kann.

Nehmt all eure Erwartungen zurück und erlaubt, dass, wenn es wichtig und hilfreich für euch ist, ihr die Hinweise auf eure Herkunft oder Beeinflussung, der ihr unterliegt, erhalten werdet, damit ihr mit eurem Bewusstsein auflösen könnt, was euch begrenzt.

Es gibt in eurer Welt viele Bücher über den Zusammenhang von Seele und Körper und auch den Zusammenhang von körperlichen Krankheiten mit seelischen Verletzungen oder Ungleichgewichten. Ihr braucht nicht zu warten, bis eure Körper krank werden, um euch mit dem zu befassen, was sich die Seele wünscht.

Natürlich haben all diese Erscheinungsformen auch einen körperlichen Aspekt und eure Wissenschaft hat Erklärungen gefunden, die zum Beispiel hormonellen oder genetischen Ursprung sehen, doch auch diese Einflüsse haben einen energetischen Ursprung, denn sonst wäret ihr Menschen alle gleich.

Ein großer Beweis dafür, dass die Seele sich ihre Aufgaben mitbringt, findet ihr darin, dass zum Beispiel Geschwister, die in eine Familie geboren wurden, exakt die gleichen Eltern und somit die gleiche Erziehung erfahren, doch ganz unterschiedliche Entwicklungen, Wesenszüge und Aufgaben haben.

Die Seele führt euch euer ganzes Leben.

Eure Seele verleiht sich Ausdruck in euren Körpern und auch in euren Interessen und euren Einstellungen. Spürt in euch hinein und findet für euch heraus, was euch wichtig ist, was euch fasziniert und interessiert. All das, was euch ausmacht, hat etwas mit eurer seelischen Herkunft zu tun, und eure Seele sendet unentwegt Impulse auf euren Weg. Ihr werdet niemals im Voraus die Gründe erfahren, warum eine Seele sich einen Weg wünscht. Wenn überhaupt, dann wird es sich euch erst im Nachhinein zeigen können, denn all das, was ihr so gerne wissen und verstehen möchtet, würde eure Wege und somit eure Entwicklungen und Erfahrungen beeinflussen.

Geht eure Wege und schenkt euch selbst die Aufmerksamkeit, die sich die Seele wünscht. Stimmt euch immer wieder mit eurer Seele ab und tanzt mit ihr gemeinsam den Tanz des Lebens.

Meditationen

Meditation 1

Spüre die Einzigartigkeit deiner Seele und entfalte ihre Kraft

Begebe dich an einen ruhigen Ort und mache es dir ganz bequem.

Schließe deine Augen und konzentriere dich auf deinen Atem. Verändere ihn nicht und lass den Atem in seinem eigenen Rhythmus von ganz allein in dich hineinströmen und aus dir herausfließen.

Konzentriere dich nun auf deinen Bauch und spüre eine Wärme in deinem Bauch.

Dein ganzer Bauch ist wohlig warm. In der Mitte deines Bauches strahlt ein helles Licht. Es ist ein warmes Licht und strahlt ganz sanft und liebevoll in deinen Bauchraum. Dieses Licht ist die Energie deiner Seele und mit jedem Einatmen begrüßt du deine Seelenenergie und vergrößerst sie sanft.

Mit jedem Einatmen wird das Licht in dir größer. Du atmest deine Seelenenergie groß in dir. Immer größer wird das Licht in dir.

Atme das Licht weiter groß in dir, bis es deinen ganzen Körper erfüllt, und dann weit über deine körperlichen Grenzen hinaus. Erfülle den Raum, in dem du dich befindest, mit der Energie deiner Seele und erlaube, dass deine Seele jetzt ihre Kraft in diesem Raum entfaltet.

Dein Seelenlicht strömt und erfüllt jetzt den Raum.

Vielleicht kannst du eine farbliche Veränderung deines Seelenlichtes wahrnehmen.

Vielleicht kannst du sehen, dass deine Seele sich öffnet, so wie eine Lotusblüte sanft ihre Blüte öffnet.

Aus dieser Blüte strömt die Energie und die Kraft deiner Seele zuerst in deine Aura und deine Körper: deinen Emotionalkörper, deinen Astralkörper, deinen Mentalkörper und erfüllt dich jetzt und allezeit. Deine Seelenenergie öffnet und durchflutet deine Chakren und auch dein Herz mit deiner ureigenen Seelenessenz.

Auf der Seelenebene gibt es keine Verletzung und keinen Schmerz.

Auf der Seelenebene hebt sich jetzt die Schwingung deines ganzen Daseins an.

Es ist, als würde deine Seele dir jetzt die Hand reichen und dich einladen, ein wohliges Bad in deiner eigenen Seelenenergie zu nehmen.

Ergreife die Hand, die dir deine Seele reicht, und habe keine Bedenken, dein uneingeschränktes, natürliches, wahres ICH zu zeigen, und bade in der Schwingung, dem Licht und der Kraft deiner Seele. Jetzt!

Verweile in dem Seelenbad und lasse dich durchfluten von den heilenden Energien deiner Seele. Wohlig warm, hell und befreiend ist dieses Energiebad, das du nimmst, und dieses Energiebad ist dein heutiges Geschenk deiner Seele an dich.

Vielleicht gibt es etwas, das du jetzt in diesem Seelenbad loslassen möchtest.

Vielleicht gibt es etwas, was du jetzt an deine Seele formulieren möchtest.

Lasse einfach aus dir herausströmen, was sich jetzt zeigt.

Durch dieses Seelenbad verlässt du deine Mentalebene und hörst auf, alles zu hinterfragen und verstehen zu wollen.

Du gleitest ganz sanft in deine eigene Seelenpräsenz hinein, und vielleicht spürst du bereits jetzt die Kraft deiner Seele, die dich immer mehr und mehr erfüllt.

Diese Energie kommt dir bekannt vor und jede Zelle in dir wird jetzt an die Schwingung deiner Seele erinnert.

Manipulationen und Beeinflussungen können sich jetzt lösen. Deine eigene Seelenenergie hat auch eine Heilkraft, die sich jetzt entfaltet und wirkt.

Verweile in deinem Seelenbad, solange es sich für dich gut und richtig anfühlt, und wenn du den Impuls hast, etwas loszulassen, dann lasse los, was sich für dich nicht mehr richtig anfühlt, und erlaube, dass deine Seele ihren Platz in deinem Leben wieder einnimmt und dich vielleicht jetzt mit etwas mehr Klarheit in deinem Leben führen kann.

Schenke dir jetzt die Zeit der ganz eigenen, persönlichen Seeligkeit und erlaube, dass deine Seele ihr Wissen, ihre lichtvollen Erfahrungen, ihre Heilkraft und ihre uneingeschränkte Liebe in die Welt sendet.

Lass dich in deinem Seelenbad von der Energie deiner Seele durchströmen und öffne dich innerlich für die Impulse, die dir deine Seele jetzt sendet.

Erlaube, dass sich dein Körper und auch deine feinstofflichen Ebenen jetzt an die Schwingung deiner Seele erinnern, und nimm diese Schwingung mit in deinen Alltag! Rufe dir in deinem Alltag immer wieder dein Seelenlicht in Erinnerung. Spüre die Wärme und die Kraft, die dein Seelenlicht in sich trägt, und sende diese Energie in die Welt.

Meditation 2

Verbinde dich mit deiner Seelenfamilie

Begebe dich an einen ruhigen Ort, an dem du nicht gestört wirst.

Setze oder lege dich hin, schließe deine Augen und mache es dir bequem, so gut wie es dir gerade möglich ist

Konzentriere dich ganz auf deinen Atem. Mit jedem Einatmen nimmst du frische Energie in dich auf und mit jedem Ausatmen lässt du Altes und Verbrauchtes, was deiner Schwingung nicht mehr entspricht, los.

Entspanne dich und lasse dich nun mehr und mehr in deine Unterlagen sinken.

Konzentriere dich jetzt auf deinen Bauch und das Licht deiner Seele, das in deinem Bauch in der Mitte deines Körpers leuchtet. Spüre die Wärme, die vom Licht in deiner Mitte ausgeht und in deinen Körper strömt.

Vergrößere diese Energie mit jedem Atemzug und lasse sich dadurch deine Seelenenergie in deinem Körper ausbreiten, und dann weit über deine körperlichen Grenzen hinauswachsen.

Jetzt bist du liebevoll und lichtvoll eingehüllt in deine ureigene Essenz und schwingst in deiner lichtvollen Seelenenergie.

Diese Energie formt sich jetzt zu einem lichtvollen Kanal, der in die hohen, lichtvollen Ebenen deines Ursprungs führt. Du bist jetzt inmitten dieses Kanals und es ist, als würdest du jetzt durch diesen Kanal in die lichtvollen Ebenen gerufen, und du reist jetzt mental durch diesen Kanal, während du vom Licht durchflutet wirst.

Durch diesen Kanal kannst du jetzt zu deinem Ursprung, zu deiner Seelenfamilie reisen, und ein Gefühl von unendlicher Freude breitet sich in dir aus.

Es ist so, als würdest du eine Reise zu dir selbst antreten.

Es fällt dir ganz leicht, dem Ruf deiner Seelenfamilie zu folgen, und du schwebst deiner seelischen Herkunft entgegen. Du selbst leuchtest und gleitest durch den lichtvollen Kanal. Alles um dich herum schwingt jetzt im Lichte deiner Seele.

Das Licht, das dir von deiner Seelenfamilie entgegenströmt und dich ruft, gleicht deinem eigenen Licht und du fühlst dich ganz stark von diesem Licht angezogen.

Jetzt kommst du an auf deiner eigenen Seelenebene. Es ist, als würdest du inmitten deiner lichtvollen Seelenenergie sanft landen.

Du stehst nun mitten in deiner eigenen Seelen-Energie. Spüre das Licht, das dich umgibt. Es ist das Licht, das du auch in dir selber trägst.

Aus diesem Licht um dich herum formt sich jetzt die lichtvolle Gestalt einer Frau.

Dies ist deine Seelenmutter, die sich dir jetzt zeigt.

Sie begegnet dir, um in dir auf der Seelenebene all das zu heilen, was für dich mit dem Thema „Mutter" geheilt werden möchte. Es kann die eigene Mutter betreffen oder auch die eigene Muttereigenschaft und alles, was mit ihr zu tun haben kann.

Auf der Seelenebene gibt es keine Kränkung und auch keine Verletzung.

Hier gibt es keinen Neid und kein Nachtragen.

Deine Seelenmutter und du, ihr begegnet euch auf der Seelenebene, und das, was euch verbindet, ist die reine, heilende und stärkende Kraft der Liebe.

Es ist dabei ganz gleich, ob du im irdischen Leben mit deiner Familie vielleicht im Streit lebst, mit deiner Familie Kontakt hast, ob sie leben oder ob bereits Familienmitglieder gestorben sind. Hier auf der Seelenebene geschieht Heilung losgelöst von Zeit und Raum.

Wenn du selbst im Leben ein Thema mit deiner eigenen Muttereigenschaft hast, kannst du dich hier jetzt mit diesem Thema aussöhnen und erhältst jetzt die heilende Kraft der Liebe von deiner Seelenmutter.

Vielleicht siehst oder spürst du die Energie, die von deiner seelischen Mutter jetzt zu dir strömt.

Ganz sanft tritt nun deine Seelenmutter zurück und es formt sich nun ein weiterer Lichtkörper direkt vor dir. Dies ist die Seelenpräsenz und die lichtvolle Energie deines Seelenvaters.

Dein Seelenvater begegnet dir heute, um all das in dir zu heilen und auszusöhnen, was im irdischen Leben mit der Person deines Vaters geheilt werden möchte.

Ganz gleich, ob ihr zerstritten seid, in liebevollem Kontakt miteinander oder ohne Kontakt zueinander lebt, und ganz gleich, ob dein Vater im Leben steht oder bereits verstorben ist.

Auch die seelische Energiepräsenz deines Seelenvaters hüllt dich ein.

Alles, was für dich mit dem Thema Vaterschaft in Zusammenhang steht, kann jetzt geheilt und von Licht und Liebe durchflutet werden.

Spüre jetzt einmal in dich hinein, ob es auch Seelengeschwister sind, die dir heute begegnen möchten, um all das zu heilen, was dich mit deinen Geschwistern versöhnen möchte.

Auch wenn du im irdischen Leben keine Geschwister hast, so kann jetzt das geheilt werden, was dich vielleicht deine Geschwister im Leben schmerzlich vermissen lässt.

Ganz gleich, ob du Geschwister im Leben hast, ob du mit ihnen im Streit lebst oder keinen Kontakt zu ihnen hast, ihr Seelengeschwister teilt euch Aufgaben und unterstützt euch auf allen Ebenen.

Auf der Seelenebene bist du stets von deinen Seelengeschwistern umgeben. Mit ihnen teilst du deine Aufgaben und sie sind jederzeit bereit, dich lichtvoll und heilvoll zu unterstützen.

Sie begleiten dich energetisch auf allen Wegen deines Lebens und unterstützen dich bei allem, was du an Aufgaben für dich selbst und auch für sie erhalten oder übernommen hast. Alles, was du in deinem Leben löst und bewirkst, wirkt sich auch auf deine seelischen Geschwistern aus. Erfahre jetzt ihren Dank für das, was du in deinem Leben auf dich genommen hast.

Du kannst jetzt auch die Gelegenheit nutzen und das Päckchen, das du in diesem Leben trägst, an die Gemeinschaft der Geschwister zurückgeben, sodass das, was nicht mit deiner eigenen Entwicklung zu tun hat, jetzt an deine Geschwister zurückgehen kann, um dich zu erleichtern.

Du kannst keine Fehler machen, denn die Aufgaben, die zu deiner Seele gehören, bleiben bei dir.

Vielleicht kannst du spüren oder wahrnehmen, dass deine energetischen Geschwister dir jetzt etwas zu deiner eigenen Stärkung und zu deiner Unterstützung senden, und vielleicht siehst du auch ein Paket, das sie jetzt an dich übergeben.

Hier auf der Seelenebene fließt zu dir, was zu dir gehört, und hier in der ursprünglichen Energie deiner Seelenfamilie verbindet ihr euch wieder und all die Aspekte von Mutter, Vater, Bruder und Schwester können sich in dir harmonisieren.

Eure Herzen sind geöffnet und heilende Kraft der Liebe verbindet euch.

Nimm ein paar tiefe Atemzüge, spüre und kräftige dadurch diese Verbindung.

Vielleicht gibt es etwas, was dir deine Seelengeschwister oder auch deine Seelen-Eltern heute mit auf den Weg geben möchten. Vielleicht möchtest auch du ihnen heute etwas mit auf den Weg geben oder sie um etwas bitten oder auch für etwas danken.

Bleibe noch in deiner Seelenenergie auf dieser Ebene der Seelenfamilie und nehme die Impulse und Energie derjenigen, die dir heute auf der Seelenebene begegnen, auf, bevor du wieder sanft in deinen Körper zurückgleiten wirst.

Nehme ein paar bewusste Atemzüge und komme wieder zurück in deinen Alltag.

Meditation 3

Heile dein Trennungstrauma und lade zu dir ein, was zu dir gehört

Begebe dich an einen ruhigen Ort, setze oder lege dich hin und gönne dir jetzt die Zeit, dich zu entspannen. Gebe dein Gewicht an deine Unterlage ab und sende alle Alltagsgedanken fort. Sende sie zu mir – Sophia –, ich werde sie gut für dich bewahren.

In dieser Meditationsreise werde ich dich an deine eigenen Wurzeln zurückführen.

Je entspannter du bist, desto tiefer und intensiver wirst du diese Meditation erleben können.

Ich bitte dich jetzt, deine Hände zu ballen und anzuspannen. Gleichzeitig bitte ich darum, deine Fußspitzen zu dir in die Richtung deines Gesichts zu ziehen. Drücke deine Arme sanft an deinen Körper und spüre in die Spannung, die sich in deinem Körper aufbaut.

Halte kurz diese Spannung, während ich jetzt bis drei zähle: 1 - 2 - 3, und jetzt löse jede Anspannung in dir.

Wiederhole diese Übung jetzt noch einmal und balle deine Hände sanft zu Fäusten, drücke deine Arme sanft an deinen Körper und ziehe die Fußspitzen in deine Richtung. Spanne deine Gesichtsmuskeln an, indem du deine Lippen sanft aufeinander drückst und deine Augen zukneifst. Halte kurz die Spannung, während ich jetzt wieder bis drei zähle: 1 - 2 - 3 und lasse jetzt jede Anspannung in deinem Körper los.

Fokussiere dich jetzt auf das Licht in deinem Bauch, das sich jetzt ohne dein weiteres Zutun in dir ausbreitet. Es erfüllt deinen Körper und strömt nun weit über deine körperlichen Grenzen hinaus, erfüllt deine Aura und durchflutet den ganzen Raum, in dem du dich befindest.

Ich – Sophia - erscheine jetzt in deinem Raum. Vielleicht spürst du, wie sich die Energie in dem Raum, in dem du dich befindest, verändert.

Ich – Sophia - stehe direkt vor dir. Vielleicht kannst du meine Lichtgestalt vor dir sehen oder meine Präsenz spüren.

Ich erscheine im goldenen Glanz und reiche dir jetzt meine Hände, um dich auf meinen Schoß zu heben.

Allein durch meine Gegenwart können sich bereits alte Verletzungen, schmerzliche Erfahrungen und auch Trennungsschmerz und Gefühle, alleine zu sein, oder Einsamkeit aus deinen Systemen lösen.

Nimm ein paar bewusste Atemzüge, bevor du jetzt mit mir in meine Ebene - die Sophia-Ebene - reisen wirst.

Gemeinsam werden wir durch einen lichten Kanal in diese Ebene gehoben und auf dieser Reise halte ich dich schützend und stärke dich.

Jetzt sind wir auf der Sophia-Ebene. Dies ist die Ebene, die du einst durchschritten hast, als du in das irdische Leben hinübergegangen bist. Auf dieser Ebene hast du einen übergeordneten Blick und es fällt dir ganz leicht, dich von deinen alltäglichen Gedanken und Gefühlen zu lösen. Ganz frei von Befindlichkeiten kannst du jetzt auf dein Leben schauen und die Fülle deines Lebens erkennen.

Wann immer du den Blick auf dich selbst richtest, erkenne das Licht, das in deiner Mitte wohnt, das Licht, das dich ganz individuell strahlen lässt, das Licht, das dir so manches Mal im Leben die Richtung gewiesen hat.

Es ist das Licht deiner Seele, das ganz besonders hell strahlt, fast so, als würde es sich freuen, dir heute hier zu begegnen.

Erweitere jetzt deinen übergeordneten Blick und nimm das Seelenlicht der Personen, die dich in deinem Leben umgeben, wahr.

Vielleicht kannst du wahrnehmen, dass alle Seelenlichter miteinander verbunden sind und dass ihr alle gehalten und geschützt seid von einem goldenen Licht.

Dieses goldene Licht ermöglicht, dass sich alle Seelen nicht von ihrem Seelenplan abbringen lassen. Dieses Licht schützt euch. Auch deine Seele befindet sich in diesem goldenen Lichtkreis und ist somit stets geschützt.

Aus dieser übergeordneten Perspektive kannst du auch das Seelenlicht der bereits verstorbenen Menschen sehen. Auch ihr Licht ist innerhalb dieses goldenen Lichtkreises wahrzunehmen.

Innerhalb dieses goldenen Lichtkreises sind auch kleine, leuchtende Anteile, die frei herum zu schweben scheinen.

Dies sind freie Seelenanteile, die sich zu einem anderen Zeitpunkt von der Seele abgetrennt haben.

Ich – Sophia – sende mein Licht und meinen Heilstrom in den goldenen Lichtkreis. Die Anteile, die heute wieder zur ursprünglichen Seele zurückgeführt werden können, werden nun sanft integriert.

Du kannst diesen Vorgang unterstützen, indem auch du auf der Seelenebene das zu dir zurückrufst, was zu deiner Seele gehört. Rufe die abgespaltenen Anteile deiner Seele zurück und gebe ihnen ihre Positionen und ihre Aufgaben.

Vielleicht erhältst du jetzt auch heilende Bilder, Visionen oder Informationen zu deinen Aufgaben, Qualitäten oder Kräften. Erlaube, dass du auf der Seelenebene wieder ganz und heil wirst.

Diese Heilung geschieht ganz sanft und die Auswirkungen dieser Zusammenführung werden in euren Leben spürbar sein.

Ich – Sophia – sende jetzt erneut einen Heilstrom in diesen Lichtkanal und alles, was der Seelenschwingung nicht mehr entspricht, hebe ich jetzt heraus aus dem großen Seelenfeld und sende es in die hohen, lichtvollen Ebenen zur Transformation.

Vielleicht spürst du bereits, dass es um dich herum und auch in dir leichter und auch klarer wird.

Bitte fokussiere dich jetzt auf den goldenen Lichtkreis, der um alle Seelen schwingt und euch sicher und schützend umgibt. Dieser Lichtkreis formt sich nun zu einer Lichtsäule und verbindet sich in die hohen Lichtebenen.

Jede Seele wird jetzt durch diese Lichtsäule mit der eigenen Ursprungsenergie verbunden. Spüre, dass deine Seele jetzt in die Wurzeln ihres Ursprungs eintaucht und durch diese Verbindung deine Seele stärkt und mit allen Qualitäten, Energien und Schwingungen versorgt, die deine Seele jetzt braucht und die ihr gut tun.

Wann immer du dich im Leben einsam oder auch verlassen fühlst, werde dir immer wieder dieser lichtvollen Verbindung aller Seelen in diesem goldenen Lichtkreis bewusst und erinnere dich an diese Lichtsäule, die sich von ganz alleine formt und in der deine Seele mit ihrem Ursprung verbunden ist und von ihm versorgt wird.

Sei dir dieser Verbindung stets bewusst und mache diese Meditation immer wieder.

Je öfter du diese Meditationsreise erlebst, desto schneller kann sich das Trauma der Trennungsillusion aus deinem Leben lösen.

Ihr seid alle unendlich geliebte Wesen und auf der Seelenebene kann euch nichts geschehen. Ich - Sophia - begleite und unterstütze jede Seele, die mich darum bittet.

Verweile noch einen Moment im Lichtkanal der Seelenverbindung und erlaube deiner Seele, das zu entfalten und zu integrieren, was sie jetzt gerade benötigt und was sie sich so sehr herbeisehnt.

Alle Seelen sind miteinander im Lichte verbunden und von einem goldenen Schutz umgeben, und jede Seele ist in ständiger Verbindung mit ihrer Ursprungsenergie.

Nehme diese Überzeugung mit in deinen Alltag.

Ich führe dich jetzt wieder zurück in deinen Raum. Nehme ein paar bewusste Atemzüge und kehre sodann gestärkt zurück in deinen Alltag.

Meditation 4

Befreie deine Seele

Begebe dich an einen ruhigen Ort. Setze oder lege dich hin und mache es dir ganz bequem.

Beobachte deinen eigenen Atemstrom, ohne ihn zu verändern.

Lasse mit jedem Ausatmen all das los, was du jetzt nicht mehr brauchst, und schicke alle Alltagsgedanken hinaus aus den Raum, in dem du dich gerade befindest. Vielleicht magst du deine Alltagsgedanken auch an mich übergeben.

Fokussiere dich auf deinen Bauch und nimm das Licht wahr, das in deinem Bauchraum strahlt. Dieses Licht ist die Schwingung, die Kraft deiner Seele.

Es ist ganz gleich, ob du gerade fröhlich oder traurig bist, denn das Licht deiner Seele in dir scheint stets hell und warm in deinem Körper.

Mit jedem Einatmen verstärkst du das Licht in dir und auch die Wärme, die von diesem Licht in deinen Körper gesandt wird.

Mit jedem Einatmen aktivierst du dieses Licht und vergrößerst es in dir. Du atmest deine Seele in dir groß, bis das Licht deinen ganzen Körper erfüllt und dann über deine körperlichen Grenzen hinaus strahlt.

Der Raum, in dem du dich befindest, ist ein Raum der Heilung und des Schutzes.

Deine eigene Seelenenergie erfüllt diesen Raum, sodass du von deiner eigenen Seelenenergie umgeben bist.

Deine Seelenenergie schwingt immer wieder um dich herum. Sie verbindet sich mit den Schwingungen anderer Seelen. Seelen sind in ständigem Austausch. Sie verbinden sich entweder, um eine gemeinsame Aufgabe zu erledigen oder um eine Kraft, eine Gabe oder eine Schwingung zu verstärken. Seelen unterstützen sich liebevoll und sind ganz frei von Befindlichkeiten.

Seelen folgen den kosmischen Gesetzen und werden von ganz allein von einer Aufgabe oder Entwicklung in die nächste gerufen.

Es ist ganz gleich, was euch Menschen im Leben geschieht, in Wahrheit bleibt die Seele unversehrt und heil.

Der Raum, in dem du dich befindest, ist erfüllt von der Energie deiner Seele und du bist mitten in diesem Raum und wirst von der Seelenenergie durchflutet. Alles, was sich in diesem Raum befindet und nicht deiner Seelenschwingung entspricht, kannst du jetzt hinaus senden aus diesem Raum. Ich – Sophia - nehme es dir sehr gerne ab und sende jetzt meine heilenden Energien in diesen Raum und nehme alles aus dem Raum, was deiner Seele und ihrer Schwingung nicht mehr entspricht.

Bitte erlaube jetzt innerlich die Vorstellung, dass dein Leben geprägt ist von deinen Erfahrungen und auch von den Programmen, Überzeugungen und Glaubensmustern, die in deinem Leben entweder durch dich selbst oder auch durch andere Menschen, Situationen oder durch die Gesellschaft entstanden sind.

Du kannst sie wahrnehmen wie einen Gürtel oder auch wie ein Korsett, das sich um dein Seelenlicht gelegt hat und dein Seelenlicht begrenzt oder festhält.

Du musst dir nicht bewusst sein, was es ist, das deine Seele begrenzt oder festzuhalten scheint. Du hast jetzt die Möglichkeit, allein durch dein Bitten aus ganzem Herzen, deine Seele zu befreien.

Allein durch deine Bitte und deine Absicht aus ganzem Herzen, dich von diesen Begrenzungen zu lösen, öffnest du die Gürtel oder die Korsetts, die dich umgeben, und ich – Sophia - kann dir das abnehmen, was heute aus deinen Systemen gelöst werden kann. Ich nehme dir all die engen Gürtel und Korsetts ab, die du heute abzugeben bereit bist.

Es ist dabei nicht wichtig, dass du weißt oder begreifst, wovon du dich hier jetzt verabschiedest. Es kann nichts aus deinen Systemen gelöst werden, was du für deinen weiteren Weg brauchst.

Nimm wahr, wie sich jetzt dein Herz öffnet, lasse deine eigene Heilenergie aus deinem Herzen in deinen Körper fließen, während ich – Sophia – meinen Heilstrahl in deinen Seelenraum sende. Es ist nicht wichtig, dass dir bewusst ist, wovon du dich heute verabschieden kannst. Öffne dein Herz und lass deine eigene Heilenergie durch deinen Körper fließen, während ich - Sophia - meine Energie in deinen Seelenraum sende, um dich zu unterstützen und das zu transformieren, was heute gelöst wird und deiner Seelenschwingung nicht entspricht.

Vielleicht hast du jetzt den Impuls, dich weiter in deinem Seelenraum umzuschauen, und wenn es etwas gibt, wovon du dich verabschieden möchtest, übergebe es an mich – Sophia - , ich nehme dir so gerne ab, was du in deinem Leben nicht brauchst, was dich in deiner lichtvollen und heilvollen Entwicklung begrenzt oder hindert.

Bereits vor deiner Geburt haben wir miteinander vereinbart, welche Gaben, Qualitäten und Kräfte du zu welchem Zeitpunkt in deinem Leben brauchen wirst, und so werde ich jetzt all das in deine Systeme senden, so wie wir es einst vor deiner Geburt, vor dieser Inkarnation miteinander vereinbart haben.

Verweile noch in diesem Raum, in deinem Seelenraum, solange es sich gut und richtig anfühlt, und wenn es etwas gibt, was du deiner Seele sagen möchtest, was du von ihr erbittest oder auch um ihr zu danken, so hast du jetzt die Gelegenheit dazu hier in deinem Seelenraum.

Vielleicht bekommst du jetzt auch Bilder, Hinweise oder Visionen zu Erlebnissen, die prägend für dich waren und die du jetzt verabschieden kannst. Vergebe dir selbst und allen Beteiligten auf allen Ebenen und lasse dadurch los von den Situationen, in denen du oder deine Seele festzustecken scheinen.

Es können auch Hinweise aus anderen Zeiten, Inkarnationen und auch Dimensionen sein. Bleibe ganz bei dir selbst in deiner Wahrnehmung.

Auch wenn sich dir vielleicht jetzt nichts zeigt, vertraue darauf, dass sich dir in deinem Leben stets zur rechten Zeit das zeigen und lösen wird, was gerade wichtig ist.

Auch wenn es dir vielleicht gerade schwerfallen mag, vertraue darauf, dass dir im Leben nichts begegnet, um dir das Leben zu erschweren, sondern dass dir stets das begegnet, was Heilungs- und Entwicklungsmöglichkeiten bietet. Vertraue auf die Führung deiner Seele und vertraue auch auf die Unterstützung, die du auf allen Ebenen erhältst.

Ich – Sophia – begleite dich dein Leben lang und es ist mir eine Herzensangelegenheit, dich in dem Vertrauen und der Gewissheit zu sehen, dass dir, deiner wahren Essenz, in Wahrheit nichts geschehen kann.

Verweile jetzt noch in deinem Seelenraum und erlaube, dass die heilende Kräfte in dir wirken und dich stärken.

Meditation 5

Öffne die Türen deiner Seele

Begebe dich an einen ruhigen Ort und mache es dir ganz bequem.

Du kannst dich hinsetzen oder legen, so wie es dir gerade am liebsten ist.

Entspanne dich, so gut es dir gerade möglich ist.

Schließe deine Augen und lasse dich in deine eigene Mitte fallen und spüre das Licht, das in deiner Mitte ist und hell und warm in deinen Körper strömt.

Bitte innerlich darum, dass du die Schwingung und die Kraft deiner Seele spüren darfst.

All das, was in dir nicht deiner Seelenschwingung entspricht, wird jetzt ganz leicht von deinem eigenen Seelenlicht aus dir herausgetragen. Verstärke diese Heilung und kräftige deine eigene Seele durch ein bewusstes Ein- und Ausatmen. Mit jedem Einatmen unterstützt du deine Seele in ihrer Kraft und mit jedem Ausatmen unterstützt du, dass das aus dir herausgetragen wird, was deiner Seele nicht mehr dienlich ist.

Mit jedem Atemzug vergrößerst du das Licht in dir.

Es formt sich jetzt aus deinem Kronen-Chakra ein lichter Kanal, der direkt in die hohen, lichtvollen Ebenen deines Ursprungs führt. Vielleicht kannst du den Kanal sehen oder spüren.

Mit jedem Einatmen strömt jetzt das Licht deines Ursprungs durch diesen Kanal direkt in deinen Körper und direkt in deine Seelenessenz, die in deiner Mitte wohnt.

Entspanne dich, so gut es geht, und erlaube, dass das Licht deiner Seele dein ganzes Sein erfüllt und erhellt. Lasse dich durchströmen vom Licht und der Schwingung deiner Seele und nehme jetzt ein Lichtbad in der Essenz deines Seelenlichtes.

Vor deinem inneren Auge formt sich jetzt ein Weg. Ganz hell strahlt dieser Weg dir entgegen und lädt dich dazu ein, diesen Weg zu gehen.

Am Ende des Weges siehst du ein goldenes Tor. Dieser innere, lichtvolle Weg führt direkt zu diesem goldenen Tor.

Mit jedem Schritt, den du auf diesem Wege gehst, kannst du Altes loslassen. Es ist ganz gleich, ob es dir bewusst ist, wovon du dich verabschiedest. Du kannst auf diesem lichtvollen Weg all den Ballast, den du mit dir herumträgst, einfach hinter dir lassen.

Du wirst immer leichter auf deinem Weg.

Du kommst dem goldenen Tor immer näher. Bereits jetzt kannst du eine goldene Inschrift erkennen. Auf diesem Tor steht in goldener leuchtender Schrift: Seelentor.

Jetzt stehst du direkt vor deinem Seelentor und dieses Tor öffnet sich von ganz allein und ein helles, gleißendes Licht und ein Gefühl von unendlicher Liebe und Angenommensein strömen dir entgegen.

Du schreitest durch dieses Tor und lässt dich vom Licht durchfluten.

Vor dir befinden sich mehrere Türen und es ist eine Tür, die dich jetzt ganz besonders anzieht. Begebe dich zu ihr hin und lese die Aufschrift: Kontakt zu meiner Seele.

In dem Moment, in dem du die Aufschrift liest, öffnet sich die Tür und wiederum strömt dir ein helles, warmes Licht entgegen und die liebevolle Energie deiner Seele durchströmt dich.

Es ist die Stimme deiner Seele, die dich jetzt bei deinem Namen ruft. Vielleicht kommt dir der Klang deiner Seele bekannt vor.

Gehe immer tiefer hinein in den unendlichen Raum, der sich hinter der Tür mit der Aufschrift „Kontakt mit deiner Seele“ befindet.

Deine Seelenstimme klingt erneut ganz sanft und liebevoll: „Mache dich frei von allen Erwartungen und erlaube, dass ich mich dir so zeigen kann, wie ich bin in meiner unendlichen Reinheit und Schönheit.“

Und wenn du bereit dazu bist, lasse alle Erwartungen, wie der Kontakt zu deiner Seele zu sein hat, los. Lass es einfach aus dir herausströmen. Die Heilkraft deiner Seele löst auf, was immer du jetzt loslassen kannst.

Nehme ein paar bewusste Atemzüge und lasse beim Ausatmen alle Erwartungen los und nehme beim Einatmen deine eigene, reine Seelenenergie in dich auf.

Vielleicht zeigt sich dir auch jetzt noch etwas, was du in dir verabschieden und loslassen kannst. Lass mit dem Atemstrom einfach aus dir herausfließen, was heute gehen kann. So reinigst und klärst du den Seelenraum der Kommunikation mit deiner Seele. Dieser Raum wird immer heller und klarer. Die Grenzen dieses Raumes lösen sich auf und du stehst inmitten deiner Seelenenergie.

Es formt sich jetzt aus deiner Seelenenergie eine Lichtgestalt. Deine Seele nimmt jetzt für dich eine körperliche Form an, damit du sie wahrnehmen kannst. Sie steht dir direkt gegenüber und du kannst gar nicht anders, als dich in die Arme deiner Seele fallen zu lassen und dich damit auf allen Ebenen erneut mit deiner Seelenenergie zu verbinden. Ganz fest umschließt dich die Energie und die Essenz deiner Seele. Du schwingst ganz sanft mit deiner Seele und das bringt die Energien in dir, in deinem menschlichen Körper, wieder in Fluss und wird dein Leben erleichtern. Und wenn es sich für dich gut anfühlt, kannst du deiner Seele jetzt wieder die Führung in deinem Leben überlassen. Bitte deine Seele darum, dich anzuleiten und zu unterstützen auf allen Wegen, die ihr gehen werdet.

Verweile mit deiner Seele hier in dem unendlichen Raum deiner Seele. Du hast heute das Tor zur Seele in dir geöffnet. Schwinge mit deiner Seele und bleibe so lange an diesem Ort, wie es sich gut und richtig für dich anfühlt.

Danke dir selbst und danke deiner Seele für die heutige wundervolle Begegnung und lasse dich von der unendlichen Liebe deiner Seele erfüllen.

Vielleicht erhältst du eine Melodie, eine Farbe, eine Bewegung, ein Wort oder einen Namen, der dich ganz persönlich an die Schwingung deiner Seele erinnert.

Vielleicht möchtest du auch einfach nur entspannen und dich durchströmen lassen von deiner Seelenenergie.

Vielleicht gibt es auch etwas, was du mit deiner Seele jetzt austauschen, heilen oder transformieren möchtest. Vielleicht gibt es eine Frage, die du jetzt stellen möchtest. Auch wenn du um eine Richtung oder eine Wegweisung bitten möchtest, hast du jetzt die Möglichkeit dazu.

Verweile so lange an diesem Ort, wie es sich gut und richtig für dich anfühlt.

Du kannst jederzeit an diesen Ort zurückkehren, und lasse dein Seelentor geöffnet, bevor du wieder zurückkehrst in dein Tagesbewusstsein.

Meditation 6

Vision deiner heilen Welt

Begebe dich an einen ruhigen Ort, setze oder lege dich hin und entspanne dich, so gut es dir gerade möglich ist.

Lasse dich in deine Mitte fallen und spüre das Licht und die Kraft deiner Seele, die dich jetzt umgibt. Nehme ein paar bewusste Atemzüge und lasse dich von deiner Seelenenergie durchströmen. Es fällt dir ganz leicht, alle Belange des Alltags hinter dir zu lassen. Falls es doch etwas gibt, was dich nicht zur Ruhe kommen lässt, so kannst du es jederzeit an mich übergeben. Ich – Sophia – bin ganz in deiner Nähe und hole zu mir, was du jetzt an mich abgeben möchtest. Lass es einfach los.

Konzentriere dich nun auf dein Herz und nehme dein Herz wie eine Lotusblüte wahr, die sich jetzt ganz langsam öffnet. Ein sanftes gold- und rosafarbenes Licht strömt aus dieser Lotusblüte, die sich ganz langsam Blütenblatt für Blütenblatt entfaltet und öffnet, bis sie ganz entfaltet und geöffnet ist. Jetzt ist auch dein Herz geöffnet und jetzt ist auch die Heilkraft deines Herzens aktiv und strahlt aus der Mitte deines Herzens. Die Heilkraft deines Herzens vermag alles zu heilen, was dir im Leben begegnet.

Erlaube, dass vor deinem inneren Auge jetzt eine Vision entsteht.

In dieser Vision legen Menschen ihre Waffen nieder und reichen einander die Hände. In deiner Vision herrscht Friede.

In dieser Vision ist es Menschen nicht möglich, einen anderen Menschen, ein Tier, Pflanzen oder auch feinstoffliche Wesen zu verletzen oder sie zu kränken. Es ist, als könnten alle Menschen die Schmerzen, Übergriffe, Bewertungen und Verurteilungen, die durch sie entstehen, an sich selber spüren, denn alles, was ihr Menschen gegen andere richtet, richtet ihr in Wahrheit auch gegen euch selbst.

In deiner Vision versöhnst du dich mit den Menschen, die dich vielleicht verletzt, begrenzt oder in irgendeiner Weise übergriffig behandelt haben.

In deiner Vision sind die Herzen aller Menschen geöffnet.

In deiner Vision ist genügend Platz, Raum, Nahrung und Liebe für alle Menschen vorhanden.

In deiner Vision gibt es keinen Neid und keine Missgunst. Ihr Menschen begegnet euch in Freundschaft und Freude. Eure Begegnungen setzen lichtvolle Energien frei.

Falls es etwas gibt, was dich persönlich verletzt oder verunsichert hat, erlaube jetzt in deiner Vision, dass sich das auflöst. Verletzungen und Unsicherheiten existieren nicht in deiner Welt.

Erschaffe in deiner Vision eine Welt, in der alle gesund und vital sind und die Zyklen und Übergänge des Lebens frei von Angst oder Zwängen erleben können.

Erlaube, dass sich jetzt deine eigene Version von Freiheit, Frieden, Liebe und Harmonie formt. Ängste, Zweifel oder Bewertungen sind in deiner Vision von einer heilen Welt nicht möglich.

Gehe jetzt in der Welt deiner Vision einer heilen Welt spazieren. Halte dich in deiner heilen Welt auf. Begreife sie und verinnerliche die Bilder in dir.

Vielleicht kannst du das Licht und die Freiheit deiner Vision spüren.

Vielleicht kannst du den Duft der Natur riechen und die Geräusche der Natur, des Windes, des Regens, der Tiere hören. Versuche auf deine ganz eigene Art und Weise, dir die Vision einer heilen Welt einzuprägen.

Jede Zelle in dir wird jetzt berührt von deiner Vision einer heilen Welt.

Falls es einen Lebensbereich gibt, der dir jetzt in den Sinn kommt, der Heilung, Frieden, Licht, Liebe und Harmonie bedarf, hole diesen Lebensbereich in deine Vision einer heilen Welt. So erschaffst du bewusst mit deiner Schöpferkraft die Welt, die du dir wünschst!

Schenke dir jetzt die Zeit, so lange in deiner heilen Welt zu bleiben, wie es sich für dich gut und richtig anfühlt. Wenn du zurück in dein Alltagsbewusstsein kehrst, nehme die Kraft und die Eindrücke deiner heilen Welt mit in deinen Alltag.

Wiederhole diese Meditationsübung so oft es dir möglich ist und erschaffe die Vision einer heilen Welt in dir und trage sie hinaus in eure Welt.

Sophias Nachwort

Ich freue mich, dass so viele Menschen dieses Buch in den Händen halten und sich zurückbesinnen wollen auf das, was die Wahrheit ist. Die Wahrheit ist nicht gleich eurer individuellen Wahrnehmung. Die Wahrheit ist, sie ist einfach. Die Wahrnehmung ist individuell und fließend, denn die Begrenzungen eines Menschen können die Wahrnehmung verändern.

Dieses Buch ist ein weiteres Werkzeug zur Befreiung und Auflösung von Begrenzungen und Blockaden und wird eure Wahrnehmung verändern.

Es gibt nichts, wovor ihr euch zu fürchten braucht, und ihr werdet keinen Weg alleine gehen.

Die Seele entwickelt sich und heilt nicht nur im irdischen Leben, denn sie ist multidimensional, und was ihr für euch in diesem Leben heilt, das wirkt sich in allen Parallelinkarnationen aus.

Lehnt euch zurück und entspannt euch. Ihr könnt nichts verpassen, denn die Seele kennt und geht ihren Weg, auch wenn ihr euch mit eurem Verstand vielleicht einen anderen Weg wünscht. Viele Menschen sind auf der Suche nach Erfüllung. Ihr sucht im Außen und werdet die wahre Erfüllung nur im Inneren finden. Fangt in eurem Inneren an, eure Welt zu heilen, und sendet das in eure Welt.

Die wahre Erfüllung ist keine Sensation und beschert euch auch keinen Rausch oder Kick. Die wahre Erfüllung ist das Ruhen in sich selbst.

Viele Menschen fühlen sich, als würden sie sich selbst auf ihrem Weg verlieren. In Wahrheit ist das natürlich nicht möglich. Kein Mensch geht verloren. Es geht um die Ausrichtung und die Erwartung. Vielleicht ist die Wahrheit nicht so spektakulär, wie ihr sie erwartet habt. Die Wahrheit ist die Essenz eurer Seele.

Ihr habt viele Fragen zu eurer persönlichen Entwicklung und euren Aufgaben. Ihr wollt, bevor die Dinge geschehen, verstehen, erklären und verändern, was das Leben für euch bereithält, doch das blockiert und hindert euch. Ihr habt das Wissen in euch, das ihr braucht, um euren Seelenweg zu gehen. Ihr werdet lernen, mit offenen Fragen zu leben, und erlauben, dass das Leben euch Antworten gibt. Doch dies geschieht nicht, bevor die Dinge geschehen, die euer Leben wieder in die Seelenspur bringen.

Macht euch bereit, so lange mit offenen Fragen zu leben, bis ihr die Antworten in euch gefunden habt. Manche Antworten werdet ihr vielleicht in diesem Leben nicht erhalten, doch dann könnt ihr sicher sein, dass das Kennen der Antwort euch den Seelenweg versperren würde. Kein Mensch kann euch mehr über euch sagen, als eure Seele es kann.

Achtet einander.

Begrenzt weder euch selbst noch andere.

Bewertet weder euch selbst noch andere.

Vergleicht weder euch selbst noch andere.

Befreit euch und helft auch anderen auf ihrem Weg in die Freiheit.

Beansprucht nicht mehr für euch, als ihr braucht, und schafft dadurch das Gleichgewicht und die wahre Gleichheit.

Seid ehrlich zu euch selbst, miteinander und füreinander und steht gemeinsam ein für den Frieden und die Freiheit.

Entdeckt euer Seelenlicht, spürt hinein in die heilvolle Essenz eurer Seele und sendet eure Seelenenergie in die Welt. Dieses Buch in nur ein kleiner Einstieg für den Seelenweg. Und es ist mir eine unbändige Freude, dass ihr bereit seid, den Seelenweg wieder aufzunehmen, und dadurch die Felder des Egoismus, der Verletzung und des Unheils verlasst.

Wenn ihr in der Kraft eurer Seele ruht, dann könnt ihr nicht gleichzeitig Schmerz und Verletzung empfinden. Es ist immer eine Frage eurer Ausrichtung, und ich bitte euch, euch im Leben stets auf das auszurichten, was Heil, Frieden und Harmonie in eure Welt bringt.

Letztendlich werdet ihr durch diese Ausrichtung eure Ängste und Zweifel ablegen können, denn sie werden sich auflösen, wenn ihr euch auf das besinnt und ausrichtet, was eure Seele in sich trägt. Daher kann der Inhalt dieses Buches euch helfen, eure Ängste und Zweifel aufzulösen.

Vertraut euch und übergebt der Seele wieder die Führung, indem ihr das auflöst, was euch begrenzt, blockiert oder verlangsamt.

Gebt eurer Seele ihren Platz und ihre Bestimmung im Leben zurück und besinnt euch immer wieder auf eure Seelenkraft. Erleichtert euer Leben dadurch, dass ihr in eure Seelenenergie hineinspürt, sie fühlt, erfahrt und verstärkt und aufhört zu hinterfragen.

Übergebt euch dem Fluss des Lebens und somit der Führung der Seele und befreit euch von allem, was ihr glaubt, das wichtiger sei.

Eure Seele kennt den Weg!

Ich lade euch ein, dieses Buch mehrmals zu lesen, denn ihr werdet mit jedem Lesen andere, neue Hinweise erhalten und Aspekte wahrnehmen, die eurer heilvollen Entwicklung entsprechen.

Keines meiner Bücher ist dafür gedacht, nur einmal gelesen zu werden. Spürt die Energien und die Kraft, die durch meine Bücher in die Welt kommen.

In unendlicher Liebe und Dankbarkeit begleite ich euch – wenn ihr es erlaubt – auf eurem Weg!

Sophia

Die Autorin

Ich bin Heike Engel. Ich wurde im Februar 1971 in Nordrhein-Westfalen geboren, wo ich auch heute mit meiner Familie lebe.

Seit fast 10 Jahren arbeite ich als Medium. Ich begleite Menschen in Einzelsitzungen und leite spirituelle Seminare & Ausbildungen sowie Workshops, Meditations- und Entspannungskurse.

Mehr über mich und meine Arbeit können Sie hier erfahren:

www.engel-entspannung.de

Lesen Sie auch die anderen Bücher von H.Engel/Sophia:

Sophia, die Urmutter, spricht über die Zyklen des Lebens
ISBN 978-3-89568-278-0, 96 S.
mit CD:
Sophia, meditative Begegnung mit der Mutter allen Seins
ISBN 978-3-89568-283-4

Heilen mit Sophia
ISBN 978-3-89568-281-0
mit der CD:
Sophias Heilmeditationen
ISBN 978-3-89568-284-1

Sophia, die Urmutter, spricht über den Geist der Zeit
ISBN 978-3-89568-289-6
mit der CD:
Schutz und Heilung
ISBN 978-3-89568-292-6

Versöhnt euch mit eurem Leben
ISBN 978-3-89568-300-8
mit der CD:
Versöhnt euch mit eurem Leben
ISBN 978-3-89568-305-3

Und hier noch weitere hilfreiche CDs der Autorin:

ISBN 978-3-89568-293-3, 45 min., 5 Meditationen

GeburtstagsSegen

ISBN 978-3-89568-297-1, 70 min., 5 Meditationen

neu und lesenswert im ch.falk-verlag

ISBN 978-3-89568-308-4

neu und lesenswert im ch.falk-verlag

ISBN 978-3-89568-302-2